Magdalena & Balthasar

BRIEFWECHSEL DER
EHELEUTE PAUMGARTNER
AUS DER LEBENSWELT
DES 16. JAHRHUNDERTS
VORGESTELLT
VON STEVEN OZMENT
INSEL VERLAG

Mit Abbildungen.

Aus dem Amerikanischen
und dem frühneuhochdeutschen Original
übersetzt von Friedhelm Rathjen.

Die amerikanische Ausgabe erschien 1986
beim Verlag Simon & Schuster
unter dem Titel *Magdalena & Balthasar.
An Intimate Portrait of Life
in 16th Century Europe Revealed
in the Letters of a Nuremberg Husband & Wife.*
Copyright © 1986
by The Steven Ozment Family Trust

Erste Auflage 1989
© dieser Ausgabe beim Insel Verlag Frankfurt am Main 1989
Alle Rechte vorbehalten
Druck: Nomos Verlagsgesellschaft, Baden-Baden
Printed in Germany

INHALT

Einführung 7

I Eine Stadt der Kaufleute 11
   Die Behaims und die Paumgartners 18

II Liebende 22
   Intimität 23
   Hingabe 32
   Gehorsam 42

III Partner 49
   Mordweg 52
   Der Fuchsschwanz wird gestrichen 62
   Gleichlauf mit den Imhoffs 71
   Gleichberechtigung 76

IV Eltern 83
   Der kleine Balthasar 83
   In Loco Parentis: Madela Behaim und
   Jörg Imhoff 95

V Überlebende 103
   Am Leben bleiben 105
   Zwischen Arzt und Gott 114

VI Gläubige 129
   Die Oberherrschaft Gottes 131
   Selbstvertrauen 144

VII Familien früher und heute 155

Epilog 159

Anmerkungen 163
Zur Übersetzung 179

DANKSAGUNG

Ohne die Hilfe zahlreicher Personen hätte dieses Buch nicht geschrieben werden können. Zu danken habe ich zuvorderst den Bibliothekaren und Archivaren in Nürnberg: Gerhard Bott, Direktor des Germanischen Nationalmuseums; Frau Archivoberrätin Schmidt-Fölkersamb, Frau Gusti Schneider-Hiller, H. Maué und Herrn Bartelmess im Staatsarchiv Nürnberg; Dr. Freiherr v. Brandenstein im landeskirchlichen Archiv. Sehr hilfreiche Unterstützung erfuhr ich von meinen sprachbewanderten Kollegen Matthias Senger und James Hankins. Keinem Autor könnte von einem Verleger besserer Rat zuteil werden als mir von Jane Isay. Schließlich denke ich an meine Frau Andrea, deren sicheres Urteil und steter Rückhalt meine Arbeit beständig verbessern.

Gewidmet ist das Buch
Amanda und Emma

EINFÜHRUNG

Vielleicht entspringen die meisten Bücher mehr oder weniger dem Zufall – das vorliegende ganz sicher. Vor einigen Jahren hatte ich die Arbeiten an einer Studie über kulturellen Wandel in Mitteleuropa während des 16. Jahrhunderts aufgenommen. Da ich Augenzeugenberichte von Zeitgenossen für die Grundlage historischen Wissens halte, schien es mir eine Schlüsselfrage, welches Bild sich Menschen von dem Jahrhundert machten, die es großenteils durchlebt hatten. Da sich in der zweiten Hälfte des Jahrhunderts das autobiographische Schrifttum in großem Maße ausgebreitet hatte, gab es mannigfaltige Quellen in Form von Hausbüchern, Familienchroniken, Tagebüchern, Briefen und Reiseberichten. Ich sammelte etwa ein Dutzend solcher Quellen und begann mich hindurchzuarbeiten: Werke wie die 1572 erschienene Autobiographie des Baseler Verlegers und Schulmeisters Thomas Platter, der zur Reformationszeit in der Schweiz lebte, und das Tagebuch des Augsburger Kaufmanns Ulrich Krafft, der drei Jahre im Schuldnergefängnis von Tripolis verbrachte (1574-77), als die von ihm dort vertretene Handelsunternehmung Manlich Bankrott gemacht hatte. Danach ging ich an eine Sammlung von 169 Briefen, die ein Nürnberger Kaufmann und seine Verlobte – später seine Frau – zwischen den Jahren 1582 und 1598 geschrieben haben. Die Briefe waren aus den Archiven des Germanischen Nationalmuseums zu Nürnberg übertragen und 1895 veröffentlicht worden. Der Herausgeber Georg Steinhausen, ein Spezialist für die Geschichte der deutschen Briefliteratur, fand sofort meine ungeteilte Aufmerksamkeit für seine bündige Begründung, warum die Briefe der Forschungsgemeinde zugänglich zu machen seien:

»Wenn die Publikation von Briefen in politisch-historischem und namentlich in literarhistorischem Interesse nach unbefangener Auffassung in unseren Tagen das berechtigte Maß zu überschreiten droht, so darf man von Briefpublikationen in rein kulturhistorischem Interesse das gerade Gegenteil behaupten. Die Teilnahme, die man Briefen zu schenken pflegt, scheint vielfach nur dann für begründet gehalten zu werden, wenn solche Briefe politisch mehr oder minder wichtige Tatsachen enthalten, wenn der Briefschreiber oder der Adressat ein hervorragender Staatsmann, ein Fürst oder eine Fürstin ist oder wenn er in der Literaturgeschichte, auch in der Geschichte des geistigen Lebens überhaupt eine Rolle gespielt hat.«

Steinhausen fuhr fort mit einer Rechtfertigung dafür, die Briefe zweier reiner »Durchschnittsmenschen« ohne »irgendwelche Bedeutung« ... »in der Geschichte oder Literaturgeschichte« zu veröffentlichen; gerade ihre Gewöhnlichkeit machte sie in seinen Augen historisch bedeutsam. Schon hier, im späten 19. Jahrhundert, erteilte also die »neue« Geschichtsschreibung der »alten« eine Abfuhr! Freilich ohne Folgen. Abgesehen von einer Sprachanalyse der Briefe durch einen Germanisten, ist Professor Steinhausens Arbeit neunzig Jahre lang praktisch nicht zur Kenntnis genommen worden.

Mit der Neugier des Historikers, die die Bekundungen des Herausgebers geweckt hatten, versenkte ich mich in die Briefe – angestachelt von der seltenen Aussicht, zwei normalen, aber schreibkundigen Menschen zu lauschen, und dem, was ihre Gemüter während einer Spanne von sechzehn Jahren im Innersten bewegte. So begann meine lange Bekanntschaft mit dem Nürnberger Kaufmann Balthasar Paumgartner (1551–1600) und seiner Frau Magdalena Behaim (1555–1642).

Da sie keine Bauern waren und durchaus über Vermögen verfügten, war mir klar, daß ich nicht auf die »sprachlose« Stimme des durchschnittlichen Europäers gestoßen war. Andererseits hatte ich es auch nicht mit Patriziern von historischem Belang zu tun. Hätte das Paar nicht einer Familie angehört, die in der politischen und Handelsgeschichte ihrer Heimatstadt Bedeutung gewann, so wären seine Briefe gar nicht erst im Familienarchiv der Behaims im Germanischen Nationalmuseum aufbewahrt worden. Da es seit dem späten 15. Jahrhundert in den größeren deutschen Städten üblich geworden war, Mädchen die Schriftsprache des Landes beizubringen, konnte Magdalena lesen und schreiben und ein bißchen rechnen. Ihre Sprache ist das Idiom des spätmittelalterlichen Nürnberg, manchmal schwer zugänglich für den heutigen Leser, aber lebendig und kreativ – wie die Schreiberin selber. Ich kenne kein anderes Beispiel für eine Frau des 16. Jahrhunderts, die so frei und erschöpfend ihre Gedanken über eine solche Vielfalt der Themen ausspricht. Balthasar andererseits war seit seiner Jugend auf das Handelsgewerbe vorbereitet worden. Seine Sprache paßt wie sein Auftreten zum Bild des gelernten Geschäftsmannes, ist klarer und präziser als Magdalenas und meistens – aber nicht immer – sachlich.

Bei meinem Versuch, ihre Welt auferstehen zu lassen und die Briefe einem angemessenen historischen Kontext einzufügen, habe ich das Buch thematisch um ihre eigenen Lebensbereiche herum aufgebaut und ihnen erlaubt, ihr Leben mit ihren eigenen Worten zu deuten. Jedes Kapitel enthält, wie jeder Brief, das Ganze, setzt aber Schwerpunkte in einem ihrer zahlreichen Interessenbereiche. Es wird deutlich, daß diese beiden Menschen von den vielen mächtigen Strömungen hin- und hergerissen wurden, die das Nürnberg des ausgehenden 16. Jahrhunderts bewegten – politische und gesellschaftliche, wirtschaftliche und kaufmännische, geistige und religiöse, gesundheitliche und epidemische. Ebenso sind sie aber auch Individuen, die gegen die starken Flutwellen in Natur und Kultur anschwimmen. Zu Beginn treffen wir sie einfach als Liebende an, als ein Paar, das in einer persönlichen Welt für sich selbst lebt. Auf mancherlei Art füllen Liebe und Zärtlichkeit Jahr um Jahr ihre Briefe. Auch als enge Geschäftspartner lernen wir sie dabei kennen. Häufig, wenn Balthasar nicht in Nürnberg ist, nimmt Magdalena seine Angelegenheiten geschickt, mit Augenmaß und nicht weniger gewinnbringend in die Hand. Sie sind die Eltern eines Einzelkindes, das sie fast ein Jahrzehnt lang aufziehen – bis zu seinem qualvollen frühen Tod. Vor allem in ihrer Elternschaft finden sie die Höhen und Tiefen ihres Lebens. Beide sind sie das, was im modernen Jargon »Gesundheitsfetischisten« heißen würde: Anhänger einer Heilkunst der Selbstreinigung, hartnäckig, trotzig, bisweilen gar mitleiderregend auf der Suche nach einer wirkungsvollen Vorbeugung gegen die zu ihrer Zeit wütenden Krankheiten und Seuchen. Schließlich entdecken wir in ihnen zwei Menschen, die in Haßliebe an Gott, die Quelle des Leids wie der Erlösung, gebunden sind.

Die wöchentlichen Briefe vermitteln uns nur einen flüchtigen Einblick in ihr Leben – selten mehr als sechs Monate eines jeden Jahres, wenn Balthasar in Lucca oder auf der Frühjahrs- oder Herbstmesse in Frankfurt oder Leipzig seinen Geschäften nachgeht. In ein oder zwei Fällen können wir einer Episode, die unsere Aufmerksamkeit fesselt, nicht bis zu ihrem Abschluß folgen, da die Korrespondenz einfach aussetzt und erst wieder aufgenommen wird, nachdem die Episode sich bereits erledigt hat. Andererseits drehen sich die Briefe um jene Dinge, die im Leben der beiden von größter Bedeutung sind. Wo der Informationsgehalt gelegentlich begrenzt ist oder der Blickwinkel ein einseitiger, bleiben die Themen vital und die *pars valentior*. Diese Briefe kommen von Herzen.

I. EINE STADT DER KAUFLEUTE

»Das deutsche Venedig«: dieser Name, den ausländische Kaufleute Nürnberg im 16. Jahrhundert verliehen, ist ein treffender Ausdruck für den Rang der Stadt als einem der führenden europäischen Handelszentren. Der Engländer William Smith (ca. 1550–1618), der von den frühen 70er bis in die frühen 90er Jahre des 16. Jahrhunderts – also ungefähr in den Jahren unserer Geschichte – in der Stadt lebte, hat in seine Beschreibung Nürnbergs für den englischen Schatzkanzler Lord Burghley auch sprichwörtliche Lobgesänge auf seine Kaufleute aufgenommen. Es gebe »in Nürnberg so viele Kaufleute, daß ein bekannter Ausspruch in Deutschland sagt: ›Die Kaufleute von Nürnberg, die Herren von Ulm und die Bürger von Augsburg‹. Außerdem gibt es noch einen Spruch: ›Die Nürnberger Hand betrügt jedes Land‹.«

Die räumliche Lage war ein Eckpfeiler des Nürnberger Erfolges. In strategisch günstiger Lage im Zentrum Süddeutschlands zwischen Main und Donau gelegen, bot die Stadt günstige Überlandverbindungen zu den wichtigsten Wasserwegen und Handelsrouten Mitteleuropas (die Pegnitz, über der ihre Mauern sich mächtig erhoben, war zu schmal und zu flach für einen Hauptschiffahrtsweg). Regensburg lag hundert Kilometer entfernt im Südosten, Augsburg 150 Kilometer im Süden, Ulm 160 Kilometer im Südosten, Erfurt 210 Kilometer im Norden, Frankfurt 220 Kilometer im Nordwesten, Prag 270 Kilometer im Osten und Leipzig 290 Kilometer im Nordosten. Aufgrund von schlechten Weg- und Wetterverhältnissen, von Umwegen, die Wegelagerer, Soldaten oder Pestausbrüche erforderlich machten, und von Verzögerungen, die beim Eintritt in ein neues Herrschaftsgebiet entstanden (auf den 220 Reisekilometern von Nürnberg nach Frankfurt kam ein Kaufmann durch sechs verschiedene Landesgerichtsbarkeiten), konnten diese Entfernungen wochenlange Reisen erfordern. Die Kaufleute trieben außerdem auch in den kleineren Städten und Dörfern an ihrem Weg Handel. Als Balthasar es einmal innerhalb von fünf Wochen bis nach Leipzig schaffte, gratulierte ihm Magdalena zur guten und schnellen Abwicklung seiner Geschäfte. Nürnberg hatte daneben auch hervorragende Verbindungen zu den großen Handelsmetropolen Italiens, deren Unternehmungen ihre Niederlassungen in Nürnberg während der zweiten Hälfte des Jahrhunderts ausbauten.

Zusammen mit den kaum größeren Städten Augsburg und Köln zählte Nürnberg im sechzehnten Jahrhundert zu den bevölkerungsstärksten Städten Deutschlands; es regierte über ein Gebiet von vierzig Quadratkilometern. Eine besonders detaillierte Volkszählung im Jahre 1450, als die Stadt belagert wurde, kam auf 20 219 ständige Einwohner und 9 912 schutzsuchende Bauern, also auf insgesamt mehr als 30 000 Menschen innerhalb der Stadtmauern. Mehr als anderthalb Jahrhunderte später, im Jahre 1622, wurden bei einem Haushaltszensus 8 939 Bürger- und 1 130 andere Familien gezählt – eine Gesamtbevölkerung von 40 000 bis 50 000 Köpfen, wenn man von vier bis fünf Mitgliedern pro Haushalt ausgeht. Handwerksfamilien bewirtschafteten mehr als die Hälfte dieser Haushalte. Ihre zahlreiche Anwesenheit in der Stadt und die Vitalität, die sie ihr verliehen, fanden sich im Jahre 1592 auf eindrucksvolle Weise bestätigt, als ein öffentliches Fest nicht weniger als 5 500 Handwerker anzog, die 277 verschiedene Handwerks- und Handelssparten vertraten. Zu Lebzeiten unseres Balthasar wird die Bevölkerung Nürnbergs vielleicht um 35 000 geschwankt haben.

Nürnberg war eine »freie Reichsstadt«, eine der wichtigsten im Heiligen Römischen Reich. Das bedeutete, daß es lediglich einem Oberherrn, dem Habsburger Kaiser, Gefolgschaft schuldete. Es war verpflichtet, ihm während seiner seltenen und unregelmäßigen Besuche Gastrecht zu gewähren und bestimmte kaiserliche Steuern und militärische Abgaben zu entrichten. Diese Regelung beließ die

Stadt im wahrsten Sinne autonom, soweit es um ihr eigenes inneres politisches Leben ging. Die Ratsherren der Stadt pflegten trotz ihrer Unzufriedenheit mit der Religionspolitik des Kaisers gute Beziehungen zu ihm. Obwohl seit den 1520er Jahren entschieden lutherisch, trat Nürnberg nie dem in den 1530er Jahren zur Zügelung des katholischen Kaisers gebildeten protestantischen Schmalkaldischen Bund bei. Nürnberg stellte dem Bund zudem nie Truppen. Doch immerhin brachte die Stadt über die Jahre die ansehnliche Summe von 80 000 Gulden zur Unterstützung des Bundes auf. Sie hielt sich auch der lutherischen Konkordienformel fern, einer konservativen konfessionellen Übereinkunft lutherischer Städte und Territorien nach 1577. Nürnberg war geschickt genug, um mit dem katholischen Kaiser und den protestantischen Fürsten gleichermaßen sowohl Übereinstimmung als auch Dissenz zu bewahren, und so schmälerten die Dienste der Stadt für andere Herren nie die fortwährende Verfügungsgewalt über das eigene Geschick.

Eine Gruppe von etwa dreißig Patrizierfamilien regierte die Stadt. Der Engländer Smith beschreibt sie voller Bewunderung als »weisen und klugen Stadtrat« von Edelleuten, deren »geschickte und weise Verwaltung« die Menschen »zu Ruhe, Pflicht und Gehorsam« anhalte. Der regierende Kleine Rat setzte sich aus 42 Repräsentanten zusammen, von denen 34 Patrizier waren und acht als Bürger die wichtigsten Gewerbezweige vertraten: ein Bierbrauer, ein Schneider, ein Gerber, ein Schlachter, ein Bäcker, ein Tuchmacher, ein Goldschmied und ein Kürschner. Diese 34 hielten die bestimmenden Verwaltungs- und Rechtsprechungsämter in Händen, von den »Kriegsherren« bis zu denen über bloße Brücken und Straßen. Einen Großen Rat, der bis 1590 vierhundert Köpfe zählte, gab es ebenfalls. Seine Hauptfunktion bestand darin, Entscheidungen zu bestätigen und die Ausführung der Politik des Kleinen Rates zu unterstützen.

Nürnberg war eine wohlhabende Stadt, und hinsichtlich

der Einkommenshöhe gab es große Unterschiede. Als der Rat im Jahre 1568 die Steuern festsetzte, zählte er 416 Bürger (6 bis 8 Prozent der Einwohner) mit einem Gesamtvermögen von mehr als 5 000 Gulden; 240 davon verfügten sogar über Vermögen von mehr als 10 000 Gulden. Da im sechzehnten Jahrhundert die niedrigsten jährlichen Lebenshaltungskosten bei 50 Gulden lagen, handelte es sich hierbei um beträchtliche Summen. Um ein Beispiel zu wählen, das unserer Geschichte nahekommt: Magdalenas Vater Paulus Behaim kam im Jahr seiner ersten Heirat (1549) auf ständige Haushaltskosten von 2365 Gulden, zwei Dienstmädchen, einen Koch und einen Diener eingeschlossen. Zum Vergleich: ein Geselle in der Tuchfertigung verdiente nicht mehr als 100 Gulden pro Jahr, während ein Meister zumindest doppelt soviel erhielt.

Die Stadt versuchte die Zahl der wirtschaftlich schlechtgestellten Menschen zu kontrollieren, indem sie eine hohe Mindestgebühr für das Bürgerrecht festsetzte (100 Gulden, mehr als das Dreifache dessen, was z.B. Nördlingen verlangte) und einen Mindestbetrag an Eigentum vorschrieb, dessen Höhe von Beruf zu Beruf variierte. Ein Färbermeister beispielsweise, der sein Geschäft in Nürnberg mit allen Ansprüchen und Privilegien des Bürgerrechts eröffnen wollte, mußte ein Gesamtvermögen von 350 Gulden aufweisen – 200 davon in Sachvermögen, 100 für das Bürgerrecht und 50 für die Gewerbeerlaubnis. Das einem Leinenwerker abverlangte Mindestvermögen dagegen lag bei 50 Gulden. Die Stadt behielt auch eine vielköpfige Unterschicht von Nichtbürgern in ihren Mauern – Tagelöhner, Akkordarbeiter im Dienstleistungsgewerbe, vorübergehende Handlanger der Handwerker und Kaufleute –, die von der Hand in den Mund lebten und vielleicht gute 10 Prozent der Bevölkerung ausmachten. In Krisenzeiten (Pest, Krieg oder Hungersnot) war vermutlich ein Drittel der Stadtbevölkerung von ständiger materieller Unterstützung abhängig.

Während für die große Mehrheit der Nürnberger das

wirtschaftliche Los von Geburt an feststand, gab es doch auch Möglichkeiten der Veränderung. Ein schlagendes Beispiel ist die schillernde Figur des italienischen Kaufmanns Bartholomäus Viatis, der bei seinem Tode der reichste Mann Nürnbergs und vielleicht sogar Deutschlands war. Viatis, ein gebürtiger Venezianer, begann mit einem Anfangsverdienst von sechsundzwanzig Pfennigen pro Tag als Lehrling in Nürnberg; als er starb, hinterließ er ein Vermögen von 1 125 341 Gulden. Wie die Mehzahl erfolgreicher Nürnberger Kaufleute machte er sein Glück auf handfeste Weise im direkten Handel – ohne das hochriskante Schulden- und Kreditwesen. Im Jahre 1593 fungierte unser Balthasar als Mittelsmann für den Transfer von 12 000 Gulden an verschiedene Nürnberger Kaufleute; 3 000 Gulden davon gingen an Viatis.

Die Kaufleute von Nürnberg verfügten über einen guten Ruf für ihren genügsamen und anspruchslosen Lebensstil. Sie mischten sich täglich unter das einfache Stadtvolk, dessen Vergnügungen und Werte sie teilten, und machten als Wachen auf den Stadtmauern ebenso dienstbereit und regelmäßig ihre Runden wie irgendein Gemeiner. Kaufleute erhielten keine Vorzugsbehandlung, wenn Steuern festgesetzt wurden oder wenn sie gegen Gesetze verstießen. Der Engländer Smith war verblüfft, nur zwei öffentliche Notare in der Stadt zu finden – ein klares Zeugnis, so meinte er, für die grundlegende Ehrlichkeit und Verläßlichkeit der Nürnberger. »So wahr und gerecht sind sie in ihren Verhandlungen, daß ihr Wort als Verpflichtung gilt. (...) So ehrlich und wahr sind sie, daß man jeden Geldbeutel oder jedes Schmuckstück, das man auf der Straße verliert, bestimmt wieder zurückbekommt.« Was den Londoner Smith an Nürnberg am meisten beeindruckte, waren die gute Ordnung und die Sauberkeit. Er zählte 528 gepflasterte Straßen und Gassen, dreizehn öffentliche Heißwasserbäder, 118 Wasserbrunnen und »14 Wasserleitungen, die fast alle Häuser versorgen«; außerdem zwölf in Gebrauch befindliche Kirchen und

Kapellen (weitere fünfzehn wurden nicht benutzt – stumme Zeugen der Reformation). Smith fand es ebenfalls erstaunlich, daß es entlang der Straßen keine Misthaufen gab, »nur in einigen abseits gelegenen Ecken«, und daß die Menschen nicht freiweg auf den Straßen urinierten. Urin und sonstiger Unrat durften vor zehn Uhr abends nicht aus dem Haus geschüttet werden – bei Androhung von Geld- und Gefängnisstrafen. Zwar durfte jede Familie ein Schwein auf ihrem Hof halten, doch das Tier mußte in einem Verschlag außerhalb der Stadt untergebracht werden, sobald es ein halbes Jahr alt war. Vielleicht hatten die drakonischen Strafen, die allen Vergehen mit rascher Hand zugemessen wurden, auch etwas mit der braven Ordnung und dem ehrlichen Wesen zu tun, die Smith den Nürnbergern zuschrieb. Überführte Diebe wurden gehenkt, wenn sie nicht Bürger waren, und enthauptet, wenn sie es waren. Brandstifter wurden auf dem Scheiterhaufen verbrannt. Personen, die des Meineids schuldig waren, verloren zwei Gelenke ihres Zeigefingers, Blasphemiker ihre Zungen. Geringere Missetaten führten zu Auspeitschungen und Verbannung.

In der zweiten Hälfte des 16. Jahrhunderts begann für Nürnberg als Handels- und Gewerbezentrum allmählich der Abstieg. Die großen europäischen Handelsmetropolen hatten sich zur Atlantikküste verlagert, fort von der Adria und vom Mittelmeer, deren günstigste Zugangswege über Nürnberg geführt hatten. Lissabon, Antwerpen und später Amsterdam lösten Venedig und Genua als wichtigste Handelshäfen Westeuropas ab. Eine neue Politik des Protektionismus, die die politische Zentralisierung von Nationalstaaten und ihren wachsenden Wettstreit spiegelte, beschnitt Nürnbergs Märkte – besonders jene in Frankreich und den Niederlanden. In der Stadt selber schöpften italienische Handelsunternehmungen, von denen viele bis zum Jahre 1574 feste Niederlassungen gegründet hatten, einen beträchtlichen Anteil am Gewürz- und Feintuchhandel ab – Schlüsselgewerbe in Balthasars Geschäft.

Nürnbergs bewährte Vorliebe für moralische Ordnung und Disziplin spielte ebenso eine Rolle, denn die wache Aufsicht der Stadt über alle merkantilen Aktivitäten brachte manche Kaufleute dazu, in Städte mit einer freieren Handelspolitik und größerer Bereitschaft zur Beugung von Gesetzen umzusiedeln – in besonderem Maße nach Augsburg.

Eine Reihe einschneidender Epidemien, die zwischen 1560 und 1584 auftraten, brachte die Stadt in der zweiten Jahrhunderthälfte ebenfalls ins Wanken. Der Pest fiel in den vier Jahren von 1561 bis 1564 die erstaunlich hohe Zahl von 9186 Kindern zum Opfer, und im Jahre 1570 starben etwa 1600 Kinder an Pocken. Zwischen 1573 und 1576 gab es 6500 Tote als Opfer von Pest und Ruhr, während Fleckfieber (Masern oder Pocken) im Jahre 1585 5000 Einwohnern das Leben kostete. In diesen fünfundzwanzig Jahren erlitt Nürnberg Bevölkerungsverluste, deren Ausgleich eine Generation dauerte.

Das künstlerische und kulturelle Leben der Stadt erlahmte in der zweiten Hälfte des Jahrhunderts ebenfalls. Während der ersten Hälfte war Nürnberg das Zentrum der deutschen Renaissance und Reformation gewesen, und die Kunst Albrecht Dürers erreichte wie die Dichtung Hans Sachsens ein internationales Publikum. Diese hervorragende Stellung konnte nicht aufrechterhalten werden – trotz der meisterhaften Goldschmiedekunst von Wenzel Jamnitzer und der kunstvollen Drucke von Jost Amman. Wenn die wohlhabenden Nürnberger Kaufleute in den 1570er und 80er Jahren Kunst sammelten, so wetteiferten sie um die Meister der ersten Jahrhunderthälfte. Es gab eine ansehnliche Baukunst (vor allem prachtvolle private Stadthäuser), Porträtmalerei und Bildhauerei in der zweiten Jahrhunderthälfte, doch die Einflüsse blieben regional begrenzt. Das künstlerische und kulturelle Leben der Stadt hatte eine hohe Ebene erreicht – ein ansehnliches Niveau gewiß, doch dies waren nicht mehr die Gipfel der Epoche Dürers.

Die Behaims und die Paumgartners

Behaim und Paumgartner sind wichtige Namen im politischen, wirtschaftlichen und kulturellen Leben Nürnbergs. Die Behaims hatten sich seit dem dreizehnten Jahrhundert als Kaufleute in Nürnberg etabliert; die Paumgartners seit dem späten fünfzehnten Jahrhundert, als Familienmitglieder aus Augsburg zuwanderten, um ihr Geschäft auszuweiten. Die Geschlechter Magdalenas und Balthasars haben Nürnbergs Geschichte des sechzehnten Jahrhunderts zu einem ansehnlichen Teil mitgeprägt. Magdalenas Vater Paulus (1568 gestorben) war Altbürgermeister und Kriegshauptmann zwischen 1550 und 1570, und im Jahre 1561 führte er die Abordnung der Stadt zum Kongreß von Naumberg, wo lutherische Territorien zur Vorbereitung von Gesprächen mit Katholiken beim Trienter Konzil die älteste lutherische Konfession – das Augsburgische Bekenntnis – erneuerten. Magdalenas Bruder Paulus (1621 gestorben) diente der Stadt in den 80er und 90er Jahren des Jahrhunderts als Jungbürgermeister, während ihr Bruder Friedrich (gestorben 1613) »Pfleger« über Gräfenburg und Hilpoltstein war. Ihre Geschwister – sie war die Älteste von acht Kindern und überlebte alle – heirateten in viele der politisch einflußreichsten und wirtschaftlich erfolgreichsten Familien Nürnbergs ein.

Abgesehen davon, daß Magdalena die Ausbildung zum Schriftgebrauch der Muttersprache erhielt und Nürnberg selten für weite Reisen verließ, wissen wir kaum etwas über ihr Leben in den Jahren vor der Ehe; über die Jahre danach kann dasselbe gesagt werden. Sie war fünfundvierzig, als Balthasar starb, und verlebte weitere zweiundvierzig Jahre bis zu ihrem eigenen Tod. Der Familienstammbaum zeigt an, daß sie sich nicht wieder verheiratete. Eine Schlußfolgerung hinsichtlich ihrer Aktivitäten in diesen stillen Jahren mag aus den Briefen an ihren Mann zu ziehen sein: sie stand den Mitgliedern ihrer Familie sehr nahe und war sowohl in deren private als auch in deren geschäftliche

Lebensumstände verwickelt. Vielleicht rührte die Nähe im Umgang daher, daß sie die Älteste war; freilich scheinen sie, ihre Geschwister und die Schwäger einander auch einfach sehr gemocht zu haben. Balthasars Großvater Caspar (1523 gestorben) und sein Vater Balthasar sen. (1594 gestorben) gehörten dem Großen Rat an. Sie amtierten daneben als Stadtplaner (Caspar als Baumeister, Balthasar als Baurichter) und als »Pfleger« von Nachbargebieten (Caspar über Kronburg-Steinbruch, Balthasar über Altdorf). Balthasars berühmte Verwandte Bernhard und Hieronymus waren fast ein halbes Jahrhundert lang Schlüsselfiguren im politischen Leben der Stadt. Bernhard starb 1549 als Mitglied der Sieben, des Geheimen Rates der Regierung; Hieronymus lenkte Nürnberg durch die Reformationszeit. Als Freund Luthers und Melanchthons war Hieronymus der erste, dem Luther die Hand der abtrünnigen Nonne Katharina von Bora anbot, die er schließlich selbst ehelichte. Als Hieronymus 1565 starb, ragte er aus dem mächtigen Dreigestirn heraus, das die Geschicke der Stadt bestimmte. Sein Sohn, Balthasars (ihm persönlich allerdings fernstehender) Zeitgenosse Hieronymus jun., war Leiter der Altdorfer Akademie, einer 1575 gegründeten Schule für Patrizierkinder, die im siebzehnten Jahrhundert zur Universität aufstieg. Dieser Hieronymus starb 1602 als erster »Losunger«, als anerkannt höchster Beamter der Stadt. Im Jahre 1592 verband wieder eine Heirat die Behaims mit den Paumgartners, diesmal auf höchster politischer Ebene: Hieronymus' Tochter Rosina ehelichte Magdalenas Bruder Paulus.

Balthasar war auch über seine Mutter mit einer beeindruckenden Ahnenreihe verbunden: Helena Paumgartner (1567 gestorben) war eine Scheurl. Ihre Familie hat sich gleich den Paumgartners in den sechziger Jahren des vorangegangenen Jahrhunderts in Nürnberg angesiedelt. Ihr Vater Albrecht (1530 gestorben) war ein erfolgreicher Kaufmann und ihr Onkel Christoph der namhafte Humanist und Jurist, der zwischen 1520 und 1530 die Streitgespräche leitete, mit denen die Reformation öffentlich wurde – dennoch kehrte er selbst später zur alten Kirche zurück.

Eine Gedenkmünze im Germanischen Nationalmuseum, die Ähnlichkeit mit Balthasar aufweist, datiert seinen Tod auf 1601 und gibt sein Sterbealter mit 38 Jahren an; diese Information deckt sich mit der eines zeitgenössischen Porträts. Alle maßgeblichen Geschlechtsregister – unter ihnen ein Kupferstich seines Familienstammbaums – datieren dagegen seinen Tod auf den Juli 1600, geben dabei aber weder das Jahr seiner Geburt (in Altdorf bei Nürnberg) noch sein Sterbealter an. Es gibt gute Gründe, die Richtigkeit der Annahme in Zweifel zu ziehen, Balthasar sei mit 38 Jahren gestorben. Sie würde nämlich nicht nur einen Neunjährigen – wenig glaubhaft – zum Lehrling in Nürnberg machen, sondern ihr zufolge wäre er bei seiner Verheiratung mit Magdalena im Jahre 1583 erst zwanzig gewesen – weit unter dem gesetzlichen Mindestalter von fünfundzwanzig für die Eheschließung von Männern ohne elterliche Einwilligung. Zudem wäre er dann sechs Jahre jünger als seine Frau gewesen. Eine Überprüfung im Taufbuch der Kirche St. Sebald zu Nürnberg verlegt seine Geburt verläßlich in das Jahr 1551. Er wurde am 19. Februar jenes Jahres getauft, ein oder zwei Tage nach seiner Geburt. Der Eintrag lautet: »Walthasar Paumgartner filius Walthasar – 19 Februarii.«

Verglichen mit vielen ihrer Angehörigen waren Magdalena und Balthasar nur sehr schwache Lichter – gewöhnliche Mitglieder außergewöhnlicher Familien. Balthasar hatte nie ein öffentliches Amt inne und strebte auch keines an, und sein finanzieller Erfolg war schwer errungen und hielt sich in Grenzen. Der einzige Luxus, den er sich im Leben gönnte, war ein polnischer Wolfsmantel, wohingegen Magdalena über einen Ballen Seide ins Schwärmen geraten konnte; das Vornehmste für sie waren ein paar Tage in einem Augsburger Wirtshaus mit ihrem Mann. Obwohl es Balthasar Ende 1596 schaffte, den kleinen Besitz

Holenstein zu erwerben, und er dem harten Schicksal vieler Kaufleute nach 1597 entgehen konnte, blieb er doch ein Mann, der stets seine Gulden zu zählen hatte.

Gerade die Durchschnittlichkeit und die gewöhnlichen Qualitäten unseres Paares sind es, die ihrer Geschichte zum Vorteil gereichen: denn diese beiden Menschen sind reich an Enttäuschungen und Hoffnungen, dem eigentlichen Stoff der Geschichte also. Ihre Augen sind auf den kommenden Tag gerichtet: so bleiben sie immer auf der Suche und voller Entschlußkraft – bereit, etwas Neues zu versuchen. Und unser größtes Glück ist: sie erzählen von allem.

II. LIEBENDE

Balthasar Paumgartner und Magdalena Behaim wurden im Oktober 1582 verlobt und verehelichten sich sechs Monate später, im April 1583. Während der Verlobungszeit, einer Zeit der starken Leidenschaften, wechselten sie Briefe zwischen Lucca, wohin Balthasars Geschäfte ihn geführt hatten, und Nürnberg, wo Magdalena seine Rückkehr erwartete. Die beiden Liebenden gehorchten in ihrer Korrespondenz den damals üblichen Gewohnheiten, und so bringen ihre Briefe Liebe und Zuneigung in hochstilisierten Floskeln zum Ausdruck, die ein oberflächlicher Leser als Zeichen der Unehrlichkeit oder zumindest des mangelnden Einfallsreichtums mißverstehen könnte. Beispielsweise reden die beiden einander als **herzallerliebst** an oder auch – so Ehrfurcht über Verlangen setzend – als **nach Gott mein liebster Schatz**. Die Briefe enthalten üblicherweise feierliche Versprechen **treuer, freundlicher und gutwilliger Dienste zu jeder Zeit**; zum Abschluß mag der Empfänger **viel hunderttausendmal freundlich und fleißig gegrüßt** werden. Balthasar beschreibt sich selbst bescheiden als **einen bösen unwilligen Schreiber; ich wollt Dir diesen viel lieber selber fürlesen denn schreiben. Du wolltest mich zuzeiten auch mit einem kleinen Brieflein besuchen**, bittet er voller Liebe, oder er läßt seine Briefe noch andere Blüten treiben: **Gott möge uns in seinen Gnaden also langwierig erhalten, und bald wiederum glückselig in unser Freudengärtlein zusammenhelfen**. Magdalena empfängt alle Briefe Balthasars **mit Verlangen und herzlichen Freuden**; ein Brief zur Weihnachtszeit wird ihr **ein rechtes Kindlein=bescheret's**, ein Christgeschenk. Einen Brief, den Magdalena im ersten Jahr ihrer Ehe am Tag ihres Aderlasses (im festen Glauben, es erhalte sie bei guter Gesundheit, ließ sie sich im Jahresverlauf regelmäßig zu Ader) erhielt, hielt sie als **das beste Aderlaßgeschenk** (...), **so mir geworden ist**, in Ehren. Blumen aus ihrem Garten finden sich in ihren Briefen, und einmal legt sie Balthasar sogar ein Schnürlein bei, das er um sein Handgelenk binden sollte als Zeichen, der Geliebten freundlich angebunden zu sein – ein Brauch, der mit dem Dreikönigsfest zusammenhängt, mit dem Andenken an die Weisen aus dem Morgenland, die in Freundschaft an die Krippe Christi kamen. So feierlich wie ein Seelsorger, der sich an seine Gemeinde wendet, beginnt Balthasar seinen Weihnachtsbrief desselben Jahres: er wünscht Magdalena ein gnadenreiches, freudenreiches, glückseliges Jahr (...) durch Jesum Christum, das neugeborene Kindlein, unsern einzigen Heiland, Erlöser und Seligmacher.

Solche Kosenamen und Zärtlichkeitsbekundungen mögen manchem Leser künstlich und sogar gekünstelt vorkommen. Der Gelehrte, der die Briefe als erster transkribierte, hat vor allem in denen von Balthasar den »neuen Kanzleistil« bemerkt, der angeblich den unterwürfigen Geist des Reformationszeitalters widerspiegele. Der formelhafte Ausdruck, den die Liebe immer wieder erhält, ist aber nichts anderes als der Aufputz in Briefen voll ungespielter Intimität. Sie bereiten den Rahmen für die unverfälschten Bekundungen der Liebe zweier Menschen, deren Privatleben außergewöhnlich frei und spontan blieb – zweier Liebender, selbst im modernen Sinne des Wortes.

Intimität

Balthasar an Magdalena
am 15. Dezember 1582 aus Lucca

Ehrbare, tugendreiche, getreue, freundliche, herzliebe, vertraute Braut!

Dein Schreiben vom 11. November habe ich diese Nacht um zwölfe mit großem Verlangen wohl empfangen. Da ich aber wohl gewußt und ausgerechnet gehabt, daß wieder Antwort von Dir auf mein Schreiben werde kommen müssen, hab ich einen solchen Brief am vergangenen Sonntag mit Begierden erwartet und bin derowegen den ganzen Tag nicht aus dem Haus gekommen. Wie recht würd mir aber geschehen sein, wenn Du nicht alsbald wieder geschrieben hättest!

Aus deinem Briefe hab ich Euer aller Gesundheit von Herzen gern vernommen. Wisse mich samt den Meinigen allhier auch noch wohlauf; gelobt sei Gott, der uns in seiner Gnade also lange erhalten und bald wieder glückselig in unserem Freudengärtlein zusammenführen möge. Amen.

So vernehm ich fast gern, daß Du meine alte Muhme Scheurlin schon etliche Mal besuchet hast und sie so freundlich gegen Dich gewesen, woran ich nie gezweifelt. Ich bitte Dich freundlich, Du mögest mit Gelegenheit also fortfahren und ihres Rates in etlichen Sachen pflegen, da ich wohl weiß, ihr ist wohl damit und sonderlich gefällt ihr, wenn man gutes Vertrauen in sie setzt und auch ihrem Rate folgt. Die Muhme wünscht uns wo möglich wohlgewogen und zu Freunden zu erhalten. Ob sie uns schon wenig Vorteil einbringen mag, so wird sie uns doch auch nimmer kein Schad nicht sein. Wirst Dich also zu verhalten und ihr den Fuchsschwanz wohl zu streichen wissen, daran ich gar nicht zweifle.

Daß ich Dir, herzliebe Vertraute, so langsam und nicht eher unterwegs geschrieben habe, dessen Ursache und meine Entschuldigung daneben wirst wohl vernommen haben. Soviel ich aber aus Deinem jetzigen Briefe bemerkt, nimmst Du eine solche von mir nicht an. Nun ist dem einmal nicht anders, denn wenn ich Dir schon hin und wieder von unterwegs wohl hätt schreiben können, so hätt ich Dir doch wenig Freud und viel mehr Bekümmernis damit gemacht, alleweil ich diese Reise nun auf gut Glück gewagt und, bevor ich nicht in unser Haus gekommen bin, des ergangenen strengen Verbotes der Seuchenverschleppung halber schier selber nicht glauben kann, daß man mich bei Euch herein werde lassen. Mit solchen Umständen hab ich Dich nicht weiter betrüben mögen.

Hast Du Dich aber oft gefragt und Dich verwundert, daß Du keine Brief von mir nicht hast gehabt, so hat es mir allhier an solcher Verwunderung gewißlich auch nicht gemangelt. Des Fragens allsonntags, wenn die Brief zu kommen pflegen, ist kein End nicht gewesen; ich habe mich gleichermaßen verwundert und doch daneben gedacht, Du werdest mir nicht eher schreiben, bis Du nicht zuvor Briefe von mir habest. Wir wollen demnach den Zorn zwischen uns zugleich aufheben!

Der Antwort auf diesen Brief will ich, Herzallerliebste, noch allhier von Dir gewärtig sein; danach aber darfst mir hierher weiter nicht schreiben, denn ungefähr auf den letzten Januar werde ich an andere Orte zu verreisen haben, in Städte gen Modena und Reggio, so dass mich Deine Briefe vielleicht allhier nicht mehr antreffen möchten. Doch kann ich's bisher noch nicht gewiss wissen, denn es sieht gleich aus, als könnte ich so schnell von hier nicht abgefertigt werden, wie ich gern wollt, da ich von Vielem gegen meinen Willen allzu viel und lange verhindert werde. Wenn ich doch nun eine Angelegenheit, an der unserm Handel am meisten und nicht wenig gelegen ist, recht und nach meinem Gefallen verrichtet hätt, wie bald wollt ich alles andere meinem Bruder und den Dienern hier anbefehlen und mich dann gewisslich nicht lange mehr hier aufhalten! Ich bin aber zu Gott dem Allmächtigen voll tröstlicher Hoffnung, dass ich dann im künftigen Monat Januar bald alles Nötigen gewahr werden will.

Indessen ist allhier genug zu tun, wie ich denn über die Feiertage nach Florenz verreise, so acht teutsche Meilen von hier, aber in drei oder vier Tagen wieder herkomme. Unterdessen mache Deine Rechnung, dass es mir sonst gesundheitshalber gottlob wohl gehe und ich mich von meiner langwierigen Reise, von der ich dürr und mager genug hier angekommen bin, wieder ziemlich erholt hab. Siehe und trachte Du jetzt nun, dass Du Dir nichts Ärgeres zurichtest mit Deinen vielfältigen vergebenen Sorgen, mit denen Du im End doch nichts ändern kannst, und rechne für gewiss, dass ich mich nach Verrichtung meiner Sachen keine Stund allhier aufhalten, sondern (so Gott will) noch eher, als Du und ich selber vermeinen, bei Dir sein werde, wolle der liebe Gott das bald und mit Freuden geben!

Von den langwährenden und betrüblichen Seuchenfällen bei Euch vernehme ich zwar ungern; von anderen Leuten wird mir aber geschrieben, dass es ziemlich nachgelassen hat und die Kälte steht vor der Tür*; so verhoffe ich zu Gott dem Allmächtigen, dass es weiter keine Not hat. Allhier ist es seit um die fünf Wochen fast schönes Wetter gewesen, dergleichen nicht viele Leute denken

---

* In Pestzeiten war kaltes Wetter hochwillkommen, da es die Verbreitung der Seuche hemmte.

möchten, da es sonst um diese Zeit des Jahres mehrenteils stetig zu regnen pflegt - wie nun auch. Derowegen hat sich mancher an dem schönen Wetter verwundert.

Des guten und frommen Sebastian Imhoff seligen tötlichen Abgang zu Lyon habe ich allhier vor diesem Brief vom Vetter Andreas Imhoff aus Venedig vernommen; Wilhelm Kreff, der bei ihm in Lyon gewesen, hat nicht wenig Mitleiden mit ihm gehabt. Der Allmächtige sei ihm wie uns allen gnädig und barmherzig und verleihe ihm nach diesem Leben das ewige! Amen.

Daß der alte Matthäus Fetzer Bräutigam ist, hab ich vor diesem Brief schon vernommen; sowohl seine Braut aber als auch des Dr. Wolffen Rosina sind mir unbekannt.

Der Wilhelm Kreff, den ich allhier in guter Kost untergebracht hab, und mein Bruder Jörg lassen Dich beide wiederum fleißig grüßen - und daß Du ihrer auch gedenkest, ganz freundlich danken.

Wenn Du zu der Frau Lochnerin kommst, wollest ihr anzeigen, daß ich mit dem rotkarmesinen Futteratlas und dem zwiefärbigen Doppeltaft sie aufs beste versehen wolle; den Futteratlas hab ich vor diesem Brief schon bestellt gehabt.

Sonst hab ich außerhalb meiner Geschäfte wahrlich eine langweilige Zeit und kein Kurzweil gar nicht allhier, außer daß vor vierzehn Tagen Komödianten hier gewesen und allabends bis um vier Stunden nach Anbruch der Nacht Komödien abgehalten haben. Die haben ein Weibsbild gehabt, die reden und reiten (wie man zu sagen pflegt) gekonnt hat; wollt Gott, daß Du's auch sehen hättst können, Du würdest gewißlichen Dich darob verwundert haben. Ich habe die Zeit eine Weil mit dem Komödienzusehen zugebracht, aber mit solchem hat es auch schon ein End. Nach den Weihnachtfeiertagen aber sollen andere herkommen, die sind aber gegen Eure Spiele in St. Martha und dem Predigerkloster nicht zu vergleichen. Wie aber die Weiber - sonderlich diese, so jetzt hier gewesen - beredt sind und sich darin zu schicken wissen, kann ich Dir nicht genugsam erschreiben. Du kannst es auch, bis Du's selber nicht siehst, nicht glauben; sonder Zweifel müssen sie in vielen Historienbüchern studieret haben und also nun wohl gelehrt sein.

Du meldest unter anderm in Deinem Brief, ich soll Dich mit schreiben nicht mehr so lang warten lassen: »wer weiß, ob ich Dich mehr bei den bösen bei Euch regierenden Läuften finde!« Mit solchem hast Du mir nicht wenig Anfechtung und allerlei seltsame Gedanken gemacht. Dann aber, obwohl der liebe Gott Dich und mich ebensoschnell wie andere einander nicht mehr finden lassen mag, so bin ich jedoch getroster Hoffnung, er werde unser diesmal noch verschonen und zuvor mit Freuden in unser Stüblein oder Blumengärtlein wiederum zusammenhelfen; sonst sind wir alle in seinen Händen, und wenn meine gänzliche Hoffnung ich nicht zu ihm setzte, müßte ich mich stetigs besorgen, daß mir auf dem Weg ein Unglück widerfahren könnt. Aber ich hoffe des besseren; also sollst Du auch tun und im Ende ihn walten lassen.

Ich weiß Dir, Herzliebe, Vertraute, für diesmal sonstmehr nicht zu schreiben, tue mich allein der übersandten Blümlein aus unserm Garten ganz freundlich bedanken und die Deinetwegen fleißig aufheben. Ich will Dich ganz freundlich bitten, Deinen Bruder Paulus, die Schwestern und Imhoff Kätherlin, auch die Held Magdel fleißig meinetwegen zu grüßen und ihnen allen viel Guts zu sagen. Und sei Du auch, herzliebste Magdale, zu vielen hunderttausend Malen freundlich und fleißig von mir gegrüßt und dem lieben Gott zu Gnaden in Treue befohlen.

Dein getreuer lieber Bräutigam
Balthasar Paumgartner der Jüngere

In seinem ersten Brief an Magdalena nach dem Einzug in das Haus der Familie in Lucca vergegenwärtigt sich Balthasar am 24. Oktober 1582 den Abend des Abschieds; er schreibt von seiner Unfähigkeit, damals schon vorauszusehen, wie schwer ihm die Trennung fallen sollte. Daß Du mir in Deinem obern Stübchen also unter den Armen hinweg sankest, hab ich mir nimmermehr aus dem Sinn schlagen mögen, schreibt er, und sind seither ja wenig, wenig Stunden hingegangen, in welchen ich nicht an Dich gedacht hätte. Damit meint Balthasar nicht nur die Tages-, sondern auch die Nachtstunden, denn er beteuert: Vergangenen Freitag, als ich die erste Nacht allhier in userm Haus geschlafen, hat mir stetigs von Dir geträumet.

Während ihrer ersten Trennung, die sechs Monate dauern sollte – von Oktober 1582 bis März 1583 –, achtet jeder mit oft übertriebener Genauigkeit auf die Abstände, in denen die Briefe des anderen eintreffen. Nachdem Balthasar endlich Magdalenas ersten, leider nicht erhaltenen Brief vom 11. November erhält, eröffnet er ihr in seinem Antwortbrief vom 15. Dezember, daß er voller Erwartung den Postweg seines vorausgegangenen Briefes und der Erwiderung Magdalenas ausgerechnet habe und an dem vermuteten Tag der Briefzustellung nicht aus dem Haus gegangen sei. Natürlich war er enttäuscht, aber das sei ihm recht geschehen, so gibt er zu, denn auch er hatte Magdalena nicht sogleich geschrieben, worüber offensichtlich wiederum sie sich beklagt hat. Da er Verstimmungen voraussah, hatte Balthasar im ersten Brief seinen mangelnden Schreibfleiß zu rechtfertigen versucht. Warum hatte er nicht geschrieben, als er auf dem Weg nach Lucca war? Weil er sie nicht mit Nachrichten von gesperrten Straßen und erzwungenen Umwegen beunruhigen oder mit Berichten von vereitelten und verpaßten Handelsgelegenheiten langweilen wollte. Die Angst vor der Pest veranlaßte viele Städter, die Wege zu ihrer Stadt zu versperren und Reisende umzuleiten – ein verbreitetes Risiko im Warenhandel. Balthasar ging allerdings nicht darauf ein, daß er nach seiner Ankunft in Lucca volle fünf Tage gewartet hatte, bevor er die Feder ansetzte.

Magdalena akzeptierte Balthasars Ausflüchte nicht; sie schalt ihn aus, als fühle sie sich betrogen. Balthasar antwortete seinerseits mit Klagen: mochte sie sich verwundert haben, warum er nicht geschrieben hatte, so könnte auch er sich ihretwegen verwundern. An manchem Sonntag – offenbar dem Postzustelltag in Lucca – wartete er vergebens auf einen Brief. Und warum nur mußte sie ihm so zögerlich schreiben, nachdem sie seinen ersten Brief bekommen hatte? *Wir wollen demnach den Zorn zwischen uns zugleich aufheben!*

Das war nicht so einfach, denn Magdalena verdächtigte

Balthasar wegen seiner Zögerlichkeit, auf Abwege geraten zu sein. Wer wisse denn, so faßt er die Andeutungen ihres Briefes zusammen, ob sie nicht gewärtigen müsse, ihn in Lucca bei Prostituierten zu finden! Wenn dies ein Witz sein sollte, so hielt Balthasar ihn für einen schlechten, und er bereitete ihm *nicht wenig Anfechtung* und setzte ihm *allerlei seltsame Gedanken* in den Kopf.

Magdalena antwortete Balthasar am ersten Weihnachtsfeiertag des Jahres 1582. Wie üblich, zeigt sie sich ebenso freimütig wie beherrscht. Sie zögert niemals, ihre Gedanken auszusprechen, doch drängt sie Balthasar ihre Meinung nie direkt auf. Ohne alle Hintergedanken habe sie geschrieben, und sie leugnet vollkommen, daß sie ihm böse sei. Sie geht sogar davon aus, daß *er* einen Witz macht und ihr nicht wirklich zürnt. Gleichzeitig ist sie beunruhigt, ihre Beziehung könne in eine Krise stürzen: *Laß auch Gott uns nimmermehr, keinen Augenblick unser Leben lang, so versuchen* wie mit gegenseitigem Zorn! Magdalenas empfindliche Reaktion auf Balthasars Zornesausbruch mag recht ausgefallen anmuten, doch ihr Verhalten wird auch mit einem verbreiteten Heilglauben zusammenhängen, dem sie sich vertrauensvoll überließ. Zorn und Schwermut wurden als die beiden lebensbedrohenden Gemütsbewegungen angesehen. Sie galt es unter allen Umständen zu vermeiden – besonders, wenn die Pest sich ankündigte –, denn sie wühlten die Lebenskräfte am stärksten auf und ließen den Menschen anfällig für Krankheiten und Seuchen werden.

Magdalena war auch betrübt, daß ihr Brief Balthasar mit Unruhe und seinen Kopf mit *allerlei seltsamen Gedanken* erfüllt hatte. Ihre Briefe, so gesteht sie reumütig ein, seien *gar böse, krumme Schreiben und Kindereien*, und sie bittet ihn um Vergebung. Inmitten der Versicherungen ihrer Liebe und ihrer Sehnsucht berichtet sie von einem Wortwechsel mit der kurz zuvor verwitweten Frau Flexner, die von ihrem sehr viel älteren Mann offenbar schlecht behandelt worden war. Beim Versuch, die Frau zu trösten – vielleicht mehr noch der Schlechtigkeit des Mannes als seines Todes wegen –, äußerte Magdalena die Hoffnung, Gott möge ihr einen anderen Ehemann zuführen, der ihr Leid vergessen machen könnte. Frau Flexner brach auf Magdalenas gute Wünsche in Lachen und Genecke aus: »*Wenn Balthasar und Du nicht schon verlobt wäret, würde ich Dir ihn nicht überlassen!*« Magdalena beteuert, sie habe Gott auf der Stelle dafür gedankt, ihre Verlobung mit Balthasar vor den Tod Flexners gesetzt zu haben. Balthasar hat den Bericht sehr amüsant gefunden.

Als der besänftigte Balthasar wieder schrieb, tat er seine früheren Kommentare über den Zorn als Worte ab, die er *im Scherz* geschrieben habe; wahrer Zorn sei etwas, womit auch er nicht spaßen würde. Gleichwohl versicherte er ihr, auch er kenne die Enttäuschung, *mit leerer Hand* vor einem Briefkasten zu stehen. Wie wir sehen werden, ist die Angelegenheit damit noch nicht zu Ende. Im Briefwechsel trifft man immer wieder auf den vorsichtigen Sarkasmus der Formulierung *ich habe kein Schreiben von Dir empfangen, so daß ich in diesem desto weniger zu schreiben weiß.*

Selten einmal gibt es vor der Hochzeit einen Brief, in dem nicht als Folge der Trennung über Langeweile und Traurigkeit geklagt wird. Wir müssen aber davon ausgehen, daß beider Unzufriedenheit trotz dieses Lamentierens tatsächlich weder unveränderlich noch unerträglich war. Der arbeitssüchtige Balthasar verlor sich bereitwillig in das Kaufmannsleben ständiger Reisen und Geschäfte; allein die geschäftliche Korrespondenz füllte einen beträchtlichen Teil des Tages aus. Häufig bereiste er als sein eigener Handelsvertreter ganz Norditalien und das mittlere Deutschland und übte sich als Diplomat bei dem, was heute Arbeitsessen heißen würde. An der Tafel des Bischofs zu Lucca habe er *mit einem großen Löffel* gegessen, also fürstlich getafelt, teilt er mit, und mit seinem Bruder Jörg sei er über die Nacht Gast des Bischofs gewesen. Ebenso führte auch Magdalena ein tatenreiches Leben. Als ein wirklicher Vertreter Balthasars in Nürnberg setzte sie Verwandte, Freunde und örtliche Kunden über den Stand ihrer Bestellungen in Kenntnis; sie nahm Ware entgegen, lagerte und vertrieb sie, sobald sie eintraf – Aktivitäten, die nach der Hochzeit nur noch zunahmen. Magdalena war auch mit Hochzeitsvorbereitungen beschäftigt, vor allem damit, die Hochzeitskleidung für sich, Balthasar und die mitwirkenden Diener und Kinder zu bestellen. Die nötigen Stoffe schickte ihr Balthasar aus Italien zu. In einem Brief beschwert er sich, daß sie sich zu lange mit seinem Hochzeitshemd abmühe und ihm damit Opfer bringe, die er weder verdiene noch wünsche. Sie solle es nicht übertreiben und zu teuer machen, fleht er.

Magdalena amüsierte sich auch. In ihrem Brief vom Neujahrstag 1583 berichtete sie, nach anfänglichem Zögern (um der Schicklichkeit willen, wie es scheint) mit Balthasars Schwester Helena einen Silvestertanz besucht zu haben. Obwohl sie reklamiert, recht genug getanzt zu haben, versichert sie Balthasar, ihre Gedanken seien stets bei ihm, ihrem allerliebsten Schatz, gewesen. Wenn sie mit anderen Männern tanzte, so erregte dies anscheinend nicht solche Gefühle der Eifersucht oder Selbstzweifel bei Balthasar, wie sein zögerliches Briefeschreiben bei ihr geweckt hatte. Wenn ihre Briefe ausblieben, so irritierte ihn das häufig genug, soviel ist sicher, doch er sieht darin nichts als bloße Gedanken- oder Disziplinlosigkeit, und nie fällt ihm ein, es könne von verblassender oder abschweifender Zuneigung herrühren. Ihre Klagen über unregelmäßiges Schreiben ärgern ihn sehr viel mehr als ihre Schreibpausen. Sowohl im Liebes- wie auch im Geschäftsleben war Balthasar ein Mann, der nach dem Gesetz geduldiger Ausdauer zu leben versuchte. Mit Geduld kommt man weit und überwindet viel, erklärt er Magdalena gerne, wenn einer von beiden der Bestätigung bedarf.

Schließlich beherrschte Vertraulichkeit den vorehelichen Briefwechsel unseres getrennten Paares. Keiner von beiden möchte, daß irgend jemand anders ihre Briefe liest, und jeder erinnert den anderen, umsichtig zu sein. Voller

Unruhe, daß ein Brief von Magdalena eintreffen und in fremder Leute Hände kommen könnte, während er geschäftlich in Genua ist, stellte Balthasar den Empfang und die Verwahrung des Briefes durch seinen Bruder sicher. Häufig weist er Magdalena an, ihm nach einem bestimmten Datum nicht mehr an bestimmte Orte zu schreiben, da er abgereist sein werde und die Briefe ihn nicht länger erreichen können. Magdalena, die Balthasars Sorge teilt, plant ihre Briefe nach seinem Reisefahrplan, so daß sie in Lucca, Frankfurt oder Leipzig eintreffen, wenn Balthasar mit großer Wahrscheinlichkeit dort ist. Diese Sorge um die Wahrung der Vertraulichkeit bleibt die ersten Jahre der Ehe hindurch bestehen. Besonders Magdalena errötete bei dem Gedanken, irgend jemand neben ihrem Mann könnte jemals ihre intimen Eröffnungen lesen. Im Juli 1584, als sie im vierten Monat schwanger war, besuchte sie die jährlichen Feierlichkeiten der Akademiegründung zum Peter- und-Paul-Tag im benachbarten Altdorf, der Heimatstadt Balthasars. Am Ende ihres Berichts von dem Besuch enthüllt sie im Postskriptum bis in intimste Einzelheiten, wie sie auf der Rückkehr von einem plötzlichen Schrecken ergriffen wurde:

Herzlieber Schatz, es zappelt jetzt und länger in mir. Ich weiß nicht, ist das Fahren gen Altdorf schuld oder was ist es, das sich so unnütz macht in mir. Denke aber, Gott und die Zeit werden uns solches wohl sehen lassen. Erschrecke oft recht, wenn es sich so regt. Herzensschatz, laß den Brief nicht liegen vor jemand: schäm mich sonst!

HINGABE

MAGDALENA AN BALTHASAR
am 25. Dezember 1582 aus Nürnberg

Ehrbarer, freundlicher, herzlieber und vertrauter Bräutigam! Dein Schreiben habe ich am 22. Dezember nach unserm Kalender* mit Verlangen und herzlichen Freuden wohl empfangen und darin von Deinem Wohlauffsein und dem der Deinen vernommen, welches mir die größte Freude von Dir zu vernehmen ist. Und ich halte mir solchen Brief und Deine Gesundheit wohl für ein rechtes Kindlein-bescheret's, und diese Feiertage sind mir umso freudenreicher gewesen. Ich weiß mich mit meinem Bruder und meinen Schwestern auch noch in guter Gesundheit; wolle uns der Herr alle miteinander noch länger dabei erhalten! Amen.

Freundlicher und herzallerliebster Bräutigam, dieweil nunmehr das alte Jahr vorüber ist und Dir dieser Brief im neuen zukommt, so wünsche ich Dir, Du mein herzallerliebster, getreuer Bräutigam, von Gott dem Allmächtigen ein glückseliges neues und freudenreiches Jahr und alle Wohlfahrt, Heil und Segen zu allem, was Dir nützlich und gut ist an Leib und Seele! Das wünsche ich Dir vom Grunde meines Herzens. Amen.

Und ich danke Dir, mein herzallerliebster Schatz, für Deine treue Fürsorge, daß Du mich der Kälte halber mit einer Ärmelweste versehen hast. Ich will diese um Deinetwegen tragen und dabei Deiner gedenken, da ich gewißlich von keinem Augenblick recht weiß, da mir nicht so geschehen ist. Ich will sie deshalb zu Dank annehmen bis zu Deiner Wiederkunft, die Gott mit herzlicher Freud bald gebe!

Und da ich Dir, mein liebster Bräutigam, nach diesem Brief nicht mehr [nach Lucca] schreiben soll, wie ich vernommen hab, möchte ich herzlich gern wissen, wenn es Dir nicht beschwerlich ist, ob Du nach getaner Reise gen Mantua wiederum nach Lucca oder alsbald nach Hause kommen wirst. Ich verhoffe doch, wenn ich Dir in dieser Zeit nicht mehr schreibe, wirst Du bessere Gelegenheit haben, mich mit einem Schreiben von Dir zu besuchen. Und daß Du mir schreibst, wir wollen den Zorn zugleich miteinander aufgehen lassen: ich weiß von keinem nicht, und nehm's auch nicht anders als scherzweise auf. Laß auch Gott uns nimmermehr, keinen Augenblick unser Leben lang, so versuchen. Ich habe Dir halt aus Einfalt geschrieben, da mich nach Deinem Brief so sehr verlanget

---

* In Italien richtet sich Balthasar nach dem Gregorianischen Kalender, den er »päpstlicher Heiligkeit neue Kalenderordnung« nennt. Er war gerade erst 1582 von Papst Gregor XIII. eingeführt worden und ging dem deutschen Kalender um zehn Tage voraus.

hat, und an das Sprichwort gedacht, wie man zu sagen pflegt: »ich sterbe wohl, bevor Du zu mir kommst.« Ich hoffe ja auch, wie Du schreibst, Gott werde uns auch zuvor wieder in unserem Freudengärtlein wieder zusammenkommen lassen und lange bei einander erhalten. Mit der Sterbensseuch hat es sich gottlob wieder gewendet, sobald die Kälte angegangen ist.

Jetzt schreibst Du mir auch, Du habest außerhalb Deiner Geschäfte eine gar langweilige Zeit. Glaube ich Dir ja wohl: ich sehe das an mir. Ich hab zu tun, und das will ich: sofern habe ich doch andere Gedanken als die nach Dir, mein allerliebster Schatz! Ich bitte, Du wollest mir berichten, mein liebster Bräutigam, was Du meinst, wenn Du der Scheurlin schreibst, Du habest eine langweilige Zeit – das glaube ich Dir ja – und Du könnest dort so wohl wie hier Deiner Sorgen nicht lassen. Das konnt weder ich noch sie verstehen, was Dich zu Sorgen so bewegt. Wollte Gott, ich könnte Dir solche Sorgen tragen helfen: wie gern wollt ich's tun, da es dann nicht vergebliche Sorgen wären, von denen man doch im Ende nichts hat und die ich meiden soll, wie Du mir selber schreibst. Ich war bei ihr, und so ließ sie mich ihn lesen, Deinen Brief: daß Du ihr geschrieben hättest, sie sollte mir gute Gespielschaft leisten, welches sie mir gewißlich immer getan hat. Und ich dank Dir abermals auf das allerfreundlichste, daß Du so für mich Sorge trägst.

Und, freundlicher lieber Bräutigam, ich tu Dir auch zu wissen, daß mir Dein lieber Vater geschrieben hat, wie es uns allen gehe. Dabei hat er ein Rebhuhn geschickt und etliche Vögel. Ich hab ihm wiederum ein Brieflein geschrieben und fleißig gedankt und daneben ja nichts besseres zu schicken gewußt als eine Schachtel mit Grieben, von wegen seiner Gesundheit zu gebrauchen. Wollte Gott, daß Du mir sein Geschenk hättest verzehren helfen mögen. So es aber nicht hat sein können, hab ich an Deiner statt Deine Schwestern und Paulus Scheurl, das Kätherle Imhoff und Magdel Held geladen. Paulus Scheurl und Paulus Ketzel hatten ein Essensmahl bei dem Grebner und kamen derhalben erst nach Tisch, samt dem Wilhelm Imhoff, Silvester Gröser, Paulus Dietherr. Dann fingen wir allerlei Spiel und Fantasie an, waren also fröhlich beisammen.

Vergangene Woche, diesen vergangenen Samstag, hat mir Deine Mutter [= Stiefmutter] auch allerlei Würste hereingeschickt. Denn sie haben etliche Schweine geschlachtet: ich genieß also immer die Deinen, und dessen hab ich Dir wohl zu danken.

Ich bin auch diese Woche mit Deinem Bruder und seinem Weib hinaus vor das Frauentor gefahren. Da hat man im Graben bei dem Fischbach das gewaltige Werk eines springenden Brunnens aufgerichtet von lauter Messing, mit vielen Röhren und Sprüngen. Das haben wir gesehen; Du wirst ohne Zweifel wohl davon gehört haben, weil es hier gemacht worden ist und dem König von Dänemark gehören soll.

Ich kann es, freundlicher und herzlicher Bräutigam, nicht lassen; muß Dir ja schreiben, was die [kurz zuvor verwitwete] Flexnerin gesagt hat, als ich sie beklagt und gesagt hab, Gott wolle sie nach ihrem Leid an einem anderen sich jetzt ergötzen lassen. Und da kam ihr gleich das Lachen, dann das Weinen; mußte sie gleich auch schmunzeln, und sie sagt scherzweise zu mir, wenn Du noch kein Bräutigam wärst, so wollte sie Dich mir nimmer lassen. Ich sagte gleich, ich dankte Gott, daß Du mein geworden wärst, bevor sie eine Witwe geworden. Und ich sagte, ich wollte Dir's schreiben, daß Du ihr einmal dankst. Da sagt sie, sie wisse wohl schon vorher, daß Du sie nur vexieren wirst, wenn Du mit Gottes Hilfe wieder herkommst. Und es ist wahr: man hat ihrer nur gespottet, als sie um ihren Flexner geweint hat. Sie läßt sich aber nicht beirren.

Freundlicher und herzallerliebster Schatz, mit diesem Brief schicke ich Dir das kleine Schnürlein; das sollst Du um meinetwegen [am Handgelenk] tragen und dabei meiner gedenken und mir damit freundlich angebunden sein, dieweil ich hoffe, daß dieser Brief Dir nach unserem Kalender nicht mehr als drei oder vier Tage nach dem Dreikönigstag zukommen soll, dem Tag, an welchem man jene anzubinden pflegt, die den selben Namen tragen. Und wollte Gott, es wäre möglich, daß ich es selber tun sollte.

Sonst weiß ich Dir, herzlieber Bräutigam, nicht viel Neues zu schreiben, als daß die Magdalena Löffelholz eine Braut ist mit dem Siegfried Pfinzing. Du wirst es wohl ohne Zweifel schon wissen, und auch des Münsterers Tochter mit dem Paltner und der Georg Henn mit der Schweikerin, des Lanzingers Sohn mit des Gelnauers Stieftochter ein ... [Manuskript unleserlich].

Ich weiß Dir sonst, mein herzallerliebster vertrauter Schatz, für diesmal nicht mehr zu schreiben, als daß ich Dich eines bitte; wenn es sein kann, daß Gott Dir einmal wieder mit Freuden herhilft, willst Du uns bitte von Augsburg aus wissen lassen, welchen Tag Du hier ankommen wirst, daß wir Dir mit Freuden entgegenfahren - nur Paulus Scheurl sein Weib und Deine Schwester und ich.

Ich bitte Dich herzlich, Du mögest mir diese Bitte gewähren und mich erfreuen.

Und die Muhme Lochnerin läßt Dich auch wieder fleißig grüßen und für Deine Mühe um ihretwegen danken. Sie hat mir daneben ein kleines Filzlein aus Deiner Bestellung herausgelesen, das ich um Deinetwegen gerne angenommen hab. Ich will es nimmer tun; ich war halt eben zu der Zeit recht kleinmütig.

Ich durfte es Dir nicht schreiben, daß das Sterben in die drei Häuser bei dem Bäcker oben in unserer Gasse gekommen und fünfe draus gestorben waren, was mich wohl entsetzte.

Aber ich hoffe nun, der allmächtige Gott soll uns mit Freuden wieder zusammenbringen! Du sollst Deine seltsamen Gedanken und Anfechtungen fahren lassen, die ich Dir gemacht hab, wie Du mir schriebst, und Dich nicht anfechten lassen, fröhlich und guten Muts zu sein. Gott der Herr geleite Dich mit Freuden wieder zu mir heraus!

Es lassen Dich mein Bruder Paulus und meine Schwestern alle ganz freundlich grüßen und Dir ein glückseliges neues Jahr wünschen und alles, was Dir lieb, nützlich und gut sei. Und Du willst mir auch Deinem Bruder Jörg ein glückseliges neues Jahr wünschen, auch Vetter Wilhelm Kress. Ich hab gehört, Du wirst sie mit Dir herausführen, Deinen Bruder und ihn.

Und sei Du von mir, herzallerliebster Bräutigam, viel hunderttausendmal fleißig und freundlich gegrüßt und Dir ein neues und gutes Jahr viel gewünscht. Und Du wollest mit meinem gar bösen und krummen Schreiben und Kindereien Güte haben.

Ich schicke Dir mit diesem Brief aber Blümlein aus unserm Gärtchen, den ich nicht vergesse, weil ich darin schreibe. Und ich

bringe Dir auch, herzlieber Schatz, den ersten Trunk, den ich heute am heiligen Christtag tue: gib mir bei Gelegenheit Bescheid. Und sei damit Gott dem Allmächtigen befohlen.
Magdalena Behaimin, D[eine] l[iebe] B[raut]

Magdalena lag sehr viel an ihrem Balthasar, und das ließ sie ihn auch wissen. Manchmal drückt sie ihre Zuneigung auf beinahe schon poetische Weise aus: Wenn der Mittwoch kommt, so freue ich mich, Dir zu schreiben, und denk, nun haben wir aber acht Tage weniger zusammen. Immer gilt ihre größte Sorge seinem Gesundheitszustand. Meine höchste Freud von einem Samstag zum andern ist, von Dir Deinen Zustand zu vernehmen, schreibt sie ihm. Balthasars Wohlauffein ist die größte Freude, die Du mir wünschen und geben kannst, solange ich lebe.

Sie besteht darauf, aus der Ferne sein Leben zu gestalten. Ständig bemängelt sie seine schlechten Angewohnheiten: spätabends noch zu arbeiten und ungesund und unregelmäßig zu essen. Sie macht seinem italienischen Koch Vorschläge und freut sich, als er endlich ein tüchtiges Mädchen findet. Nie wird sie es müde, die Vorzüge von Mineralwasser (zum Trinken wie auch zum Baden) und des regelmäßigen Aderlasses zu preisen. Sie drängt darauf, daß er seine Reisen umsichtig und vernünftig durchführt; vor allem soll er keine unnötigen Risiken eingehen, um heilige Zeit einzusparen, wenn er zu ihr heimkehrt und mehr als sonst zur Eile neigt.

Sie schickt ihm regelmäßig Kleidung und Proviant. Als sie seine Ankunft aus Italien bei der Frankfurter Herbstmesse 1584 voraussieht, schickt sie ihm einen grauen Nachtmantel (es möcht schon kühl sein), fünf Hemden, vier Taschentücher, drei Hüte, drei Paar Socken, ein Paar Schuhe, ein Paar grüngefütterte Pantoffeln. Als Nachtschmaus legt sie auch Sauerkirschen und saure und süße (d.h. gezukkerte und gesalzene) Schweinegrieben dazu. An Leckereien verschickte sie nichts so häufig wie Grieben. Sie ließen sich gut transportieren, waren schmackhaft, hatten genügend Nährstoffe und wirkten, wie Magdalena glaubte, auch in medizinischer Hinsicht. Bei anderer Gelegenheit (im September 1589) schreibt sie ihm zur Frankfurter Messe in ihrem typischen Stil:

Ich hab mich, herzlieber Paumgartner, erst jetzt besonnen, daß Du drunten nicht allwegs auf Dich acht gibst, oft spät niedergehst, früh aufstehst, und ich hab Dir nur ein Latwergenschächtelein [nämlich mit Proviant, der lediglich für die Reise nach Frankfurt ausreicht] *gegeben. Ich hab Dir derhalben noch ein wenig Grieben gemacht, daß Du in der Frühe eine ißt und nicht so lang nüchtern bleibst.*

Balthasars Schwager Stephan Bair überbrachte die Grieben; über Verwandte, Freunde und Handelskuriere waren die beiden ständig miteinander verbunden. Obwohl Magdalena es abstritt, muß sie einen über Gebühr großzügigen Vorrat an Grieben hingeschickt haben. Balthasar prahlt, er habe nun Grieben genug für zwei Messen.

Als hingebungsvolle Ehefrau erwartete Magdalena auch von Balthasar Hingabe. Zärtliche Formulierungen kamen ihm nicht so leicht in den Sinn, aber sie kamen doch. Immer dachte er an sie, wenn er in der Saison eine gute italienische Melone aß. *Ich wollt, ich hätt Dir meinen Teil hinauswünschen können,* schreibt er, und einmal bietet er ihr sein Stück an. Als er hört, sie sei krank, macht er sich *allerlei und schier böse Nachgedanken,* und er bleibt beunruhigt, bis sie oder jemand anders ihm von ihrer Genesung schreibt. Nur in wenigen Briefen versäumen sie, gleich zu Beginn zu fragen, ob der andere *gesund und wohlauf* sei. Balthasar überraschte Magdalena gelegentlich auch mit Geschenken: mit Stoffen und Kleidern. Allerdings hemmten Magdalenas Sonderwünsche nach vielen Dingen seine Freigebigkeit in gewisser Hinsicht; es war immer so etwas wie eine Prüfung seines Einfallsreichtums, wenn er ihr etwas schenken wollte.

Balthasar war bei alledem nie der regelmäßige Briefeschreiber, den Magdalena sich ersehnte, und sein Unvermögen, ihre Erwartungen zu erfüllen, wurden ihr beinahe zur Obsession. Der Briefwechsel, der uns vorliegt, umfaßt fünf Briefe mehr von ihm als von ihr (87 gegenüber 82), aber selbst wenn alle Briefe erhalten wären, würden diese Zahlen doch ein unzureichender Maßstab für Herzensangelegenheiten sein. Eine besonders eindrucksvolle Reihe von Briefen wurde Ende 1591 über dieses Thema gewechselt, als das Paar acht Jahre verheiratet war und man vermutet hätte, daß der Fluß des Schreibens dünner werde. Magdalena beschwert sich am 1. Dezember, daß sie seit mehr als zwei Wochen nichts von Balthasar gehört hat (sein letzter Brief war auf den 9. November datiert), und klagt ihn an, die Geschäftspost den Briefen an sie vorzuziehen. Sie erinnert ihn an die Freude, die seine Briefe ihr (und anderen Menschen) bringen, und bittet ihn, sie nie wieder mehr als zwei Wochen warten zu lassen.

Eine weitere Woche vergeht ohne einen Brief von Balthasar, und irritiert setzt Magdalena am 9. Dezember zu einem neuerlichen Brief an: *Ich kann es nicht unterlassen, Dir alle acht Tage zu schreiben, wiewohl Du mir keine Ursache gibst.* Sie sorgt sich mit dem Gedanken an Krankheit, ist aber doch ebenso beunruhigt, Gleichgültigkeit ihr gegenüber könnte in sein Herz einziehen, und so versichert sie ihm, sie werde *kleinmütig* werden, wenn bis zum Samstag kein Brief komme.

Ich muß eben dem alten Sprichwort nachdenken: »aus den Augen, aus dem Sinn!« Dein Bruder sagt, daß Du sehr viel an Handelsbriefen schreibst; dessen muß ich entgelten, denk ich. (...) Ich hab ihn jedoch wohl ermahnt, daß ich letztlich hab glauben müssen, es geschehe aus keiner andern Ursache, als daß Du so viel zu tun hast.

Magdalena schließt den Brief mit einem letzten Hieb zum Abschied – aber bezeichnenderweise siegt dabei die Anmut über den Verdruß. Kurz zuvor auf einer Hochzeitsfeier bei den Pfinzings, so schreibt sie, sei sie von vielen Leuten gefragt worden, wann sie zuletzt von Balthasar gehört habe. Ihr war es zu peinlich, zuzugeben, daß es schon fast einen Monat her sei, und so mußte sie lügen: So hab ich aber gedruckst und gesagt, vor acht Tagen, wo es schon drei Wochen waren! Nun für diesmal nicht mehr!

Am 23. Dezember hat Magdalena immer noch keinen Brief von Balthasar. Doch kann ich's nicht lassen, Herzensschatz, Dir alle Wochen zu schreiben, so lange es noch währt. Ich hoff zu Gott, wir haben nunmehr die halbe Zeit überwunden; Gott helfe uns ferner, die elf oder nur noch zehn Wochen bis zur Fastenzeit zu überwinden, wenn Balthasars Rückkehr aus Lucca ansteht. Sie berichtet vom Besuch der Verlobungsfeier ihres Bruders Paulus mit Rosina Paumgartner, einer Tochter des Bürgermeisters Hieronymus. Es war ein festliches Ereignis, ist der Graf und Gräfin dagewesen (...): ist gar stattlich zugegangen durchaus. Mir hat's aber allein an Dir gemangelt, versichert sie ihm mit einer Formulierung, die sie oft und gerne wiederholte.

Dann endlich kommt ein Brief von Balthasar, der sich leider nicht erhalten hat und am 4. Dezember geschrieben wurde. Mit der Gewißheit, die ihr der Brief zurückgegeben hat, möchte Magdalena jetzt unbedingt zur Ruhe kommen mit diesem Thema; sie bedauert nun, sich so eifrig darauf konzentriert zu haben. Ich denke wohl, erklärt sie jetzt, daß Du ein wenig mehr zu tun als allein mir zu schreiben hast; derhalben bist entschuldigt. Balthasar, der am ersten Weihnachtsfeiertag wieder aus Lucca schreibt, bestätigt den Empfang ihrer Novemberbriefe und schiebt seine Unfähigkeit, früher zu schreiben, auf eine Geschäftsreise nach Florenz. Die häufigen Reisen waren seine Standardentschuldigung, und das nicht zu Unrecht. In seinem Weihnachtsbrief geht Balthasar auf seinen mangelnden Schreibfleiß nicht weiter ein, aber der Brief ist insofern ungewöhnlich, als er drei Seiten umfaßt.

Am 5. Januar erhält Balthasar Magdalenas Brief vom 9. Dezember, der die heftigsten Vorwürfe und schärfsten

Ausdrücke der ganzen Korrespondenz enthält. Er beschreibt ihn in seiner Antwort mit der verletzten Formulierung halb zorniges Schreiben. Seine Reaktion ist fast geschäftsmäßig, wenn nicht sogar kühl, als könnte er um alles in der Welt nicht Magdalenas Verärgerung über ein oder zwei Briefe nachfühlen. Er meint, sie habe sich einfach von ihren Gefühlen hinreißen lassen – aus Angst, er könnte ernstlich krank geworden sein. Als Leser erahnt man hier einen Mann, der sich von seiner Arbeit verzehren läßt und der Unfähigkeit seiner Frau, ihre Beziehung für selbstverständlich zu halten, überdrüssig ist. Balthasar ist vielleicht nicht mehr der Schwärmer aus den Tagen, als er ihr den Hof machte, aber in seinen eigenen Augen bleibt er doch der gewissenhafteste und verläßlichste Gefährte von allen, in den grenzenloses Vertrauen gesetzt werden kann, was sie mehr als alle anderen wissen sollte.

Daß ich Dir aber, herzliebe Magdel, drei Wochen nacheinander gar nichts geschrieben hab, hat erstens die Ursache, daß ich nichts besonders Schreibenswürdiges nicht gehabt; zweitens, was Pfaud und andere auch immer denken möchten, schreibe ich Dir alle Wochen wenn nötig; und endlich, daß es mir sonst zu arbeiten und schreiben nicht gemangelt hat.

Warum, so fragt Balthasar, war sie nicht zufrieden, nachdem sie von seinem Bruder Jörg erfahren hatte, daß er seine Geschäftsbriefe gewissenhaft jede Woche schrieb? Wenn er doch bei Leben, Gesundheit und einträglicher Beschäftigung ist, wie Jörg ihr versichert hat, wie kann sie dann bekümmert sein? *Nun, so Gott will, wird es schier am Ende sein, daß es dieses Fürsorgens weiter nicht bedürfen wird.* Mit dem Vorrechnen der Briefe sollte ein für allemal Ruhe sein.

Doch diese Hoffnung war vergebens. In den folgenden Jahren kam es vor, daß Pausen von über drei Wochen zwischen Balthasars Briefen lagen und Magdalena sich beschwerte, was er ihr damit *gar antut*. Sie fragte sich sogar voller Verdruß, wie er wohl reagieren werde, als sie einmal mit der verspäteten Ankunft ihrer Briefe rechnete. Wieder hält Balthasar sie auch an, ihre **überflüssigen unnötigen Sorgen, daß ich Deine Briefe auf meinem Tisch liegen lassen und also andere lesen lassen möchte,** zu unterdrücken. Die Tatsache, daß dieses Thema nie versiegte, bestätigt die Kraft und Ausdauer ihrer Liebe.

GEHORSAM

MAGDALENA AN BALTHASAR
am 19. April 1596 aus Nürnberg

Ehrbarer, freundlicher, herzlieber Paumgartner!
Dein angenehmes Schreiben ist mir vergangenen Samstag durch Schwager Jörg wohl zugekommen. Draus habe ich vernommen, was ich abzuholen hab bei Andreas Imhoff und Torisani; solches soll fleißig geschehen. Ich muß bei Torisani auch noch einen Zettel abfordern lassen für ein Faß Wein, das [mit einer Ladung] zur Hochzeit hereinkommt und von dem Hans Christoph Scheurl eines verheißen wurde. Er hat aber zum Schwager Paulus ungefähr gesagt, wenn es niemand braucht, wollt er's ihm zustehen lassen: so haben wir gleich für den [Adam] Krämer eins; ich hab angenommen und dem Krämer 2 1/2 Eimer* geschickt. Die 1 1/2 Eimer hat Wilhelm Kress genommen. Ich denk, er wär dem Hans Christoph zu teuer gewesen: er soll wohl auf neun Gulden kommen ohne Ungeld [= Weinzoll]. Sie sagen, man kaufe am Markt feine Weine zu fünf Gulden, denn wir haben gottlob gutes Wetter dazu. Man hat dem Paulus bei den Bauern oben vom vorjährigen Ablaß [= junger Wein] nur zu 10 1/2 und 11 Gulden geben wollen ohne Ungeld. Ich hab ihn gleich genommen und ausgeteilt.

Diese Woche hat uns der Krämer ein 2 1/2-Eimer-Faß egerisches Bier hergeschickt und geschenkt; er schreibt mir, wie übelauf sein Weib ist; er begehrt auf, daß Du ihm schreiben sollst, ob Du

---

* Ein Eimer hatte neunzig Liter, und ein Faß konnte bis zu vier Eimer fassen.

erfahren kannst, wo die fränkischen Reiter [für den Türkenkrieg] gemustert werden: ob sie wieder nach Eger kommen, wollt er gern wissen. So hab ich ihm geschrieben, der Paulus soll es in Erfahrung bringen und ihm schnellstens zu wissen tun, da Du in den nächsten vierzehn Tagen nicht heimkommst. Ich hab ihm auch für's Bier gedankt; wir müssen ihm halt einen holländischen Käse schicken.

Und daß Du Dich alsbald am Erchtag [= Dienstag], nachdem der Knecht hinab ist, auf Deine Reise gemacht, hab ich herzlich gern gehört: der allmächtige Gott gebe Dir Glück und Heil dazu und helfe uns mit Freuden und Gesundheit wieder zusammen! Amen.

Hans Albrecht hat Dir diese Woche auch geschrieben, aber weil nichts Nötiges drinsteht, hab ich ihn Dir nicht schicken wollen, denn er schreibt nicht viel mehr, als daß wir unsere vorgenommene Reise so schnell wie möglich vornehmen sollen. Auch tu ich Dich, herzlieber Paumgartner, allerfleißigst bitten, Du wollest mir zu wissen machen, wann Du ungefähr in Fürth oder wohin Du meinst, daß wir Dir entgegenfahren sollen, sein wirst - je nachdem, wann Du Dich etwa [aus Frankfurt] aufmachst und je nachdem, wie lange Dir der Sauerbrunnen [von Langenschwalbach] gut tut - und zu welcher Zeit etwa Du Dich drunten wieder aufmachen wirst. Wir wollten Dir ja gern entgegenfahren mit unsern beiden Wagen voll [= voller Verwandter und Freunde]. Laß es mich halt allein von Frankfurt aus wissen oder wo Du kannst, daß wir nicht vergebens fahren.

Ich bitte Dich drum, wenn Du zu Mainz oder im Bade etwas besonderes siehst, daß Du mir etwas mitbringen wollest. Vergißt Du's, dann hab ich an Dir genug, wofür ich Gott zu danken hab.

Schwager Paulus hat sich gewundert, daß Du ihm keine Antwort auf seinen Brief wegen der Lehen* geschrieben hast.

Sonst weiß ich an Neuigkeiten nichts anderes, als daß man heute den Hans Flenzen auf dem neuen Bau** zur Erde bestattet

---

* Anspielung auf den Besitz Holenstein, den Balthasar um diese Zeit kaufen wollte.
** Ein Stadtteil in Nürnberg.

hat; da hat man Dich auch ums letzte Geleit gebeten. Gestern ist auch der Rosenthaler in der Dielengasse gestorben.

Und mit diesem Brief kommt Nachricht von Herrn König, der läßt Dich auch fleißig grüßen. Ich bin aus der Vesper selbst zu ihm gekommen und hab sie geholt; er sagt, es tue ihm leid, daß er Dich so lange nicht sehe.

Und ich weiß Dir sonst, herzlieber Paumgartner, nichts zu schreiben, als daß Du wohl auf Dich achtgibst; ich weiß nicht, wie Du in der Küche drinnen versehen sein wirst. Ich möcht ja wohl bei Dir sein. Es hat uns lange zur Wahl gestanden, ob wir, ich und Schwager Paulus, nicht die drei Schimmel anspannen und damit hinabfahren. Doch nein, hab ich gedacht, Du hast mir's nicht erlaubt, und Unkosten gehen so auch drauf; und da Du gesagt hast, Du bedürfest meiner diesmal nicht, hab ich's gelassen. Sonst hab ich diese Woche mit Sudeln und Auffetzen verbracht.

Und Du sollst also von mir in Dein Herzensherz gegrüßt sein, Du auserwählter Schatz, bis uns Gott mit Freuden wieder zusammenhilft. Schwager Paulus, Stephan Bair, sein Weib und Christoph Behaim lassen Dich fleißig grüßen. Und Madela* sagt, ich soll den Vetter fleißig grüßen; sie muß wohl sehen, was ich mache, weil in Deinem Brief nichts für sie steht.

Und damit sei Gott dem Allmächtigen in Gnaden befohlen.
    Magdalena Balthasar Paumgartnerin

Während Balthasar seit seiner Jugend viel gereist war und die Welt außerhalb Nürnbergs kannte, war Magdalena kaum aus der Stadt und den umliegenden Orten herausgekommen. Ihr Gesichtsfeld blieb aber nicht etwa so eingegrenzt, weil sie sich nicht danach gesehnt hätte, es auszuweiten. Sie hegte den Wunsch, einmal ein paar Feiertage mit Balthasar in Augsburg zu verbringen, wenn er aus Italien zurückkehrte. Allein schon der Gedanke an eine solche Zusammenkunft versetzte sie in Begeisterung; sie schreibt

---

* Magdalenas zweijährige Nichte, das jüngste Kind ihres Bruders Friedrich. – Der Ausdruck »Vetter« in den Briefen meint soviel wie Onkel.

Balthasar, wie sehr sie sich auf das Vorhaben freue. Er dagegen war weniger angetan von der Idee, denn für ihn war Augsburg nichts als eine der allzu bekannten Stationen auf der Handelsroute. Magdalena bestand aber darauf, und für das Frühjahr 1592 wurde zum ersten Mal ein solches Treffen geplant; dann kam aber eine erschütternde Familientragödie* dazwischen. Im Sommer 1594 bemühte Magdalena sich von neuem um Balthasars Zustimmung für ein Treffen in Augsburg, das diesmal im Oktober stattfinden sollte. Ihre Briefe setzen ihn praktisch vor vollendete Tatsachen: Schwager Paulus und Bruder Christoph haben sich schon angeboten, sie zu begleiten; Bruder Friedrich hat zugesagt, eine Kutsche zur Verfügung zu stellen. Sie fragt Balthasar, wann genau er aus Lucca abreisen werde, damit sie ihre Ankunft in Augsburg mit der seinen abstimmen kann – sie möchte sich dort nicht länger als zwei oder drei Tage ohne ihn aufhalten. Und wo soll sie unterkommen? Bei Lindemayr, wo Balthasar immer absteigt, der aber sehr teuer sein soll – oder möchte er lieber, daß sie es woanders versucht? Sie sehnt sich danach, ihn zu sehen, und sie hegt ganz offensichtlich romantische Gedanken: Mein Herzensschatz, so schreibt sie ihm Anfang August, wie wird mir nur sein, wenn ich Dich wieder sehe und habe. Die Zeit dünkt mir ja nunmehr so lang. Gott helfe uns, die zwei Monate von jetzt an auch noch zu überwinden!

Balthasar befand sich zu dieser Zeit mitten in einer Wasserkur wegen chronischer rheumatischer Beschwerden und eines Darmleidens und war ganz in sich selbst versunken. Mitte August schreibt er, ohne Augsburg auch nur zu erwähnen, daß er vermutlich erst zu Allerheiligen aus Lucca abreisen könne, also frühestens Ende Oktober. Die Nachricht von einer so späten Abreise entsetzte Magdalena, denn dadurch wurde die Reise weit in den November gerückt, wo sie schlechtem Wetter zum Opfer fallen könnte. Suchte Balthasar vielleicht nur Ausflüchte? Von

* Der Tod des Sohnes, vgl. S. 93.

nun an zeigte sich Magdalena entschlossen und willensstark.

Sie antwortete unverzüglich, daß sie die Abreise nach Augsburg für den 11. oder 12. Oktober geplant habe; Balthasar könne seine Angelegenheiten ohne Schwierigkeit früh genug regeln, um bis zum 15. oder 16. Oktober da zu sein. In der – möglicherweise fehlgehenden – Annahme, er habe ihren Brief vom 10. Juli bereits erhalten, in dem sie ausdrücklich seine Zustimmung zu ihrem Vorhaben erbeten hatte, ist sie natürlich verärgert, daß er es nicht einmal erwähnt. *Ich denk, Du hast's vergessen,* schimpft sie kläglich, und dann informiert sie ihn mit der Subtilität einer mittelschweren Dampfwalze, der junge Andreas Imhoff habe seiner Frau erlaubt, sie nach Augsburg zu begleiten, obwohl sie schwanger sei. Mag Balthasar denn nicht einmal ein geringeres Wagnis eingehen? Wenn Balthasar dem Vorhaben noch länger Widerstand hätte leisten mögen, so müssen Magdalenas Schlußworte ihm doch zweifellos zu denken gegeben haben. Sie versichert ihm, es würde nach ihrer Rechnung noch eine gute Woche Zeit für die Reisevorbereitung bleiben, wenn er postwendend seine Einwilligung herschicke. *Des Friedrich Behaims Pferd hab ich zum besten, herzlieber Paumgartner.*

In seinem nächsten Brief unterzeichnete Balthasar den Plan – und es solle bei Lindemayr logiert werden, trotz der Kosten. Er werde ihr den ungefähren Zeitpunkt seiner Ankunft in Augsburg mitteilen, bevor er Lucca verlasse, besteht aber darauf, sie solle die Reise durch einen gewissen Heinz Jörg Wescher – wohl Balthasars eigener Reiseagent oder Reiseführer – regeln lassen und die behelfsmäßigen Abmachungen mit ihren Brüdern und ihrem Schwager Paulus vergessen. Balthasar verlangt nachdrücklich, sie solle zu Hause bleiben, falls das Wetter schlechter werde – und zwar nicht nur wegen möglicher Gefahren für Leib und Leben: *wenn es kaltes und böses Wetter wäre,* warnt er sie, *dann würde man Deiner nur spotten und es Dir für einen Fürwitz auslegen.* Er hält sie dazu an, die stattliche Summe von einhundert Gulden für die Ausgaben mitzunehmen, da er nicht viel Geld bei sich führen werde – eine Vorsichtsmaßnahme gegen Strauchdiebe und Entführer auf seiner Wegstrecke von Italien.

Balthasars abschließende Kommentare zum Zusammentreffen in Augsburg können Magdalena nicht zufriedengestellt haben. Er befand sich in überaus schlechter Stimmung; das Kaufmannsleben, dem er sehr zwiespältige Gefühle entgegenzubringen begann, stürzte ihn regelmäßig in Depressionen, und diesmal kam noch die Last seiner Wasserkur hinzu, die unbefriedigend verlief und ihm mehr Langeweile und Kosten einbrachte als Erfolg. Voller Verlangen spricht er von seiner Abreise aus Italien als der *Erlösung aus diesem Land*. In dieser üblen Stimmung schließt er seinen Brief mit der kühnen Hoffnung, in Augsburg nicht lange bleiben zu müssen: *ich werde mich (...) da nicht gern einen halben Tag aufhalten wollen*. Einen Monat später nennt er dann die Daten seiner Abreise aus Lucca und seiner voraussichtlichen Ankunft in Augsburg, setzt jedoch seine nachdrückliche Warnung hinzu: *Wenn aber kaltes, böses Wetter einfallen und die Wegstrecke schlecht sein sollte, wollt ich Dir zum Kommen nicht raten, allein um der bösen Mäuler und unnützen Reden willen – der Meinung bin ich noch*.

Magdalenas Begeisterung für die Reise ließ sich nicht trüben. Balthasar bestimmte einen festen Tag für die Ankunft in Augsburg (25. oder 26. Oktober), wiederholte aber noch einmal seine Warnung, bei schlechtem Wetter nicht zu fahren – beinahe, als sähe er es voraus. Magdalena ließ sich als nachsichtige Leserin seiner Briefe von Balthasars zähneknirschender Zustimmung ermutigen und versuchte, seine mangelnde Entschlußkraft aufzubessern. *Dieweil Du mir aber gleichwohl nie in Deinen Schreiben mitteilst, daß Du jemandem etwas davon gemeldet hast, zweifel ich dran*, ob Balthasar es auch wirklich ernst meine, kritisiert sie ihn milde. Von der Höhe der Ausgaben (100 Gulden) ist sie *gar abgeschreckt*, und sie versichert ihm, daß sie es viel günstiger abwickeln könne. Nach den Worten ihres Bruders könnten die Kosten auf 50 bis 60 Gulden beschränkt werden, wenn man beim ursprünglichen Plan der Familienhilfe bliebe – und das will sie tun. Man mußte nur die Beförderung von Christoph und Paulus organisieren und sichern, die – so berichtet sie – für das Pferd bürgen und deren Fähigkeiten als Führer sie offensichtlich höher einschätzt als Balthasar.

Ob die Reise stattfand? Es ist gut möglich, obwohl sich in den erhaltenen Aufzeichnungen keine Bestätigung finden läßt. Ist das Unternehmen so verlaufen, wie Magdalena es sich gewünscht hatte? Wahrscheinlich schon, denn zwei Jahre später äußerte sie den Wunsch, die Pferde anzuspannen und Balthasar in Frankfurt zu treffen; diesmal jedoch wurde ihr Ansinnen rundheraus abgewiesen. Sie hätte aber gar nicht erst den Versuch unternommen, wenn sie nichts als Unannehmlichkeiten erwartete, und sie machte es sich zur Gewohnheit, ihm stets dann mit Verwandten und Freunden auf feierliche Weise in nahegelegene Städte entgegenzukommen, wenn er seine Ankunftszeit vorausgemeldet hatte. Im April 1596 wird Magdalena ein Treffen ausdrücklich versagt. Dennoch gibt sie sich entwaffnend wie immer, spielt die gehorsame Ehefrau und steckt ihre Niederlage weg. In einer Zeile ihres Briefes vom 19. April bittet sie Balthasar, nach einem außergewöhnlichen Geschenk für sie Ausschau zu halten, wenn er durch Mainz zu den Bädern von Langenschwalbach stapft; in der nächsten Zeile gibt sie sich erfüllt und zufrieden, nur ihn zu haben. In einem Atemzug prahlt sie mit ihrer Gehorsamkeit als Ehefrau; im nächsten erinnert sie ihn spitz an seine professionellen Fähigkeiten, in diesem Fall ohne sie zurechtzukommen. Sie klagt darüber, wie gut in der Küche für ihn gesorgt werde, und zeichnet gleichzeitig ihr eigenes Bild als das einer alleingelassenen und fast vergessenen Frau, die sich im Haushalt schindet. Dieser Brief wurde eigens entworfen, um die Einwilligung des Ehemannes zu erwirken.

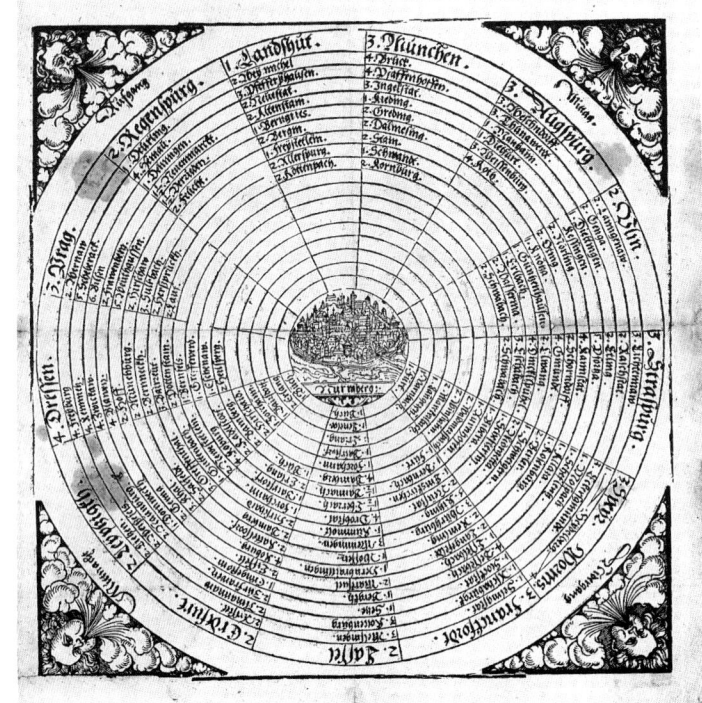

Diese Nürnberger Reisetabelle von Georg Kreidlein, gedruckt im Jahre 1560, gibt die Entfernung in Meilen zwischen Nürnberg und dreizehn anderen wichtigen Städten sowie den Zwischenstationen an. Eine Meile entspricht etwa acht Kilometern.
(Wiedergabe mit Genehmigung des Germanischen Nationalmuseums, Nürnberg)

Stadtansicht von Nürnberg, der freundlichsten und ordentlichsten aller Städte, etwa aus der Zeit um Magdalenas Tod.
Kupferstich von Matthäus Merian, 1648.
(Wiedergabe mit Genehmigung des Bildarchivs Preußischer Kulturbesitz, Berlin)

Balthasar ließ sich auf der Reise nach Italien ein Stück von Magdalenas jüngerem Bruder Christoph begleiten, mit dem er wohl zum ersten Mal zusammentraf. Irgend etwas an Balthasars Erscheinung oder Verhalten veranlaßte Christoph, Bedenken gegen den zukünftigen Schwager zu erheben, die er seiner Schwester in einem Brief mitteilte. In einem Brief vom 16. November 1582 antwortet Magdalena Christoph nach Augsburg. Sie verteidigt ihren Bräutigam und fährt ihrem Bruder so behutsam über den Mund, wie es nur eine ›große Schwester‹ kann (Magdalena war mindestens sechs Jahre älter als Christoph). Ein Abschnitt des Briefes lautet:

> Lieber Bruder Christoph! Wisse, daß ich Dein Schreiben vor 14 Tagen wohl empfangen hab und darin vernommen, wie Du meinem Bräutigam gute Freundschaft und Gesellschaft geleistet hast, welches ich gern gehört hab. Er hat mir auch geschrieben vor 14 Tagen aus Lucca, und [fragt] sonderlich, ob Du den Gruß an mich von ihm ausgerichtet hast. Ich hab ihn in dem Brief, den ich ihm vor acht Tagen geschrieben, verständigt, daß Du's ausgerichtet hast. Er hat mir auch geschrieben, daß Du ihm recht wohl gefällst, und Du werdest mit der Zeit ein recht tapferer Mensch werden; Du wirst Dich versichern, daß ich Dich nach diesem Lob halten werde. Auch daß Du ihm das Geleit heraus gegeben hast, weiß ich wohl aus seinem Schreiben. Daß Du aber allerlei Gedanken in Dir gehabt hast, zu denen Du die Ursach vor Dir gesehen, ist wohl wahr, aber solchs hat mir über ihn keine Bedenken gemacht von wegen seinem guten Lob und Zeugnis von jedermann, wie ich denn niemanden im ganzen Freundeskreis weiß, der, wenn um seinethalben gefragt, nicht gesagt hätt, ich sollt mir um das, was Du meinst, keine Gedanken machen, denn er wär sonst aufrecht und redlich, verstünd seine Sachen wohl und gewinne auch sehr wohl in seinem Handel, wie ich's denn bei der Mutter* auch wohl gesehen hab, wie es zugeht, wenn man nur vom Rentlein zehrt und kein Gewinn da ist. Wie wir ihn denn bei unserer kleinen Habe nicht nach dem Augenschein allein anzusehen haben.

Im abschließenden Teil des Briefes wird die wichtige Rolle deutlich, die Magdalena innerhalb der Familie zukommt: sie setzt Christoph, der um Geld gebeten hatte, über seinen genauen Anteil am Familienerbe und den Steuern in Kenntnis. Aus ihrer Aufsummierung des Familienerbes, das sich alle acht Kinder teilen (jeder erhält 400 Gulden vom Haus der Familie und zusätzlich einen Anteil der Einnahmen aus zwei Gärten, Feldern, einer Mühle, Renten, Silbergeschirr und Hausrat), läßt Magdalena einige wohl schon lange bestehende Lehen heraus, die nur an die vier männlichen Erben übergehen können; halb im Scherz und halb im Ernst klagt sie, hier hätten die jungen Männer einen guten Vorteil vor uns armen Mädlein.

(Histor. Archiv Rst. Nürnberg, Behaim-Akte 80; Wiedergabe mit Genehmigung des Germanischen Nationalmuseums, Nürnberg)

---

* Magdalenas Mutter starb am 31. Dezember 1581 als Witwe

Gedenkmünze mit Balthasars Porträt,
datiert auf sein Todesjahr.
(Wiedergabe mit Genehmigung
des Germanischen Nationalmuseums,
Nürnberg)

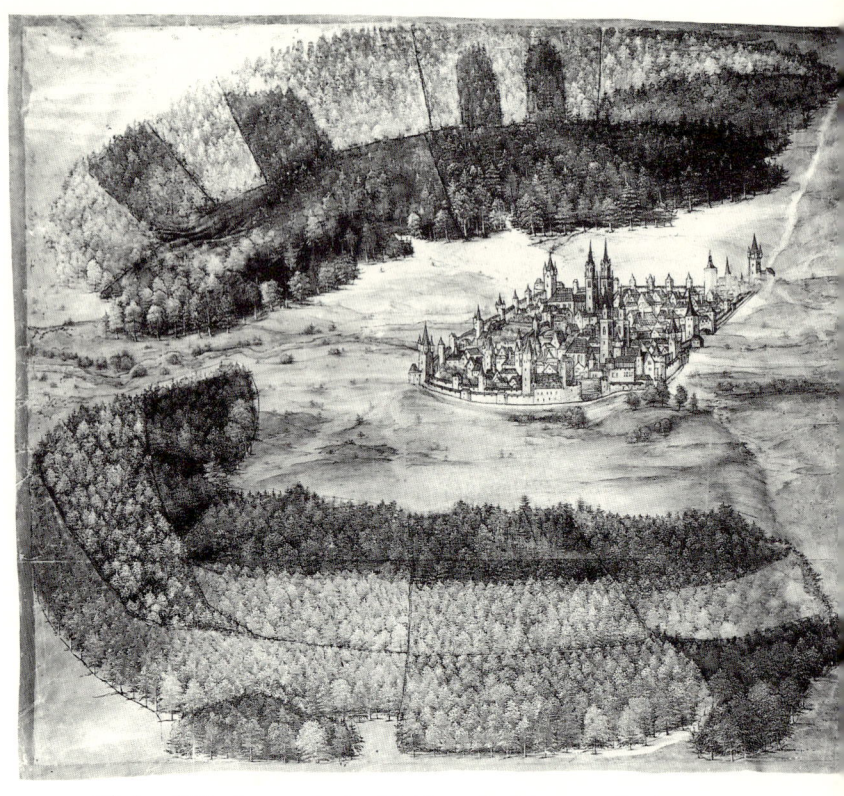

Blick auf Nürnberg und seine Wälder – ein sicherer Zufluchtsort in einer bedrohlichen Welt, aus dem Jahre 1516.
(Wiedergabe mit Genehmigung des Germanischen Nationalmuseums, Nürnberg)

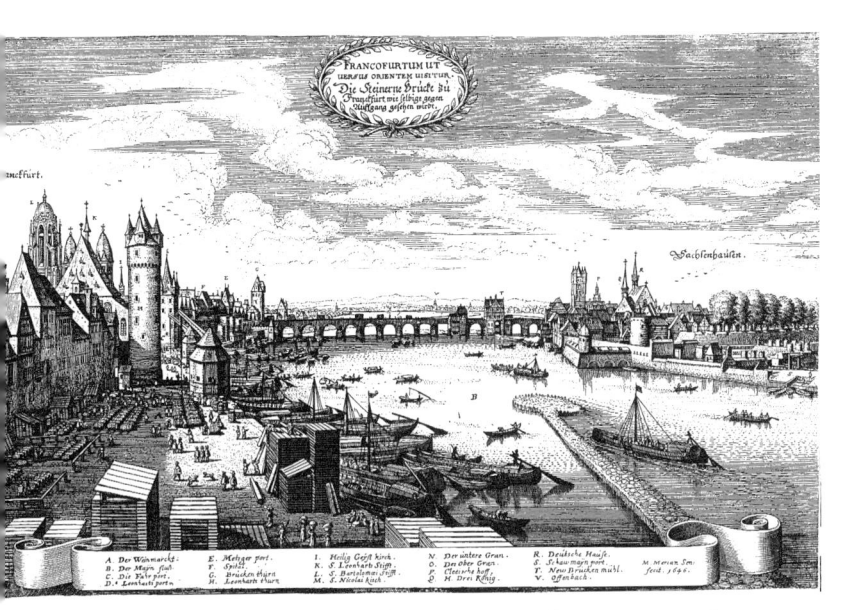

Frankfurt bei Sonnenaufgang. Kupferstich von Matthäus Merian aus dem Jahre 1646. Besonders deutlich ist der Weinmarkt im Vordergrund links dargestellt.
(Wiedergabe mit Genehmigung des Bildarchivs Preußischer Kulturbesitz, Berlin)

Nürnberger Kinder beim Spiel. Ausschnitt aus Jost Ammans Holzschnitt »Kindertanz«. Amman lebte von 1574 bis zu seinem Tod im Jahre 1591 in Nürnberg, also zu Lebzeiten Magdalenas und Balthasars.
(Wiedergabe mit Genehmigung der Kunstsammlungen Veste Coburg.)

Ein Brief von Balthasars Sohn, in dem er seinen Vater um ein mit Kalbsleder bezogenes Spielzeugpferd bittet.
(Hist. Archiv Rst. Nürnberg XVIII/4 Paumgartner. Wiedergabe mit freundlicher Genehmigung des Germanischen Nationalmuseums, Nürnberg)

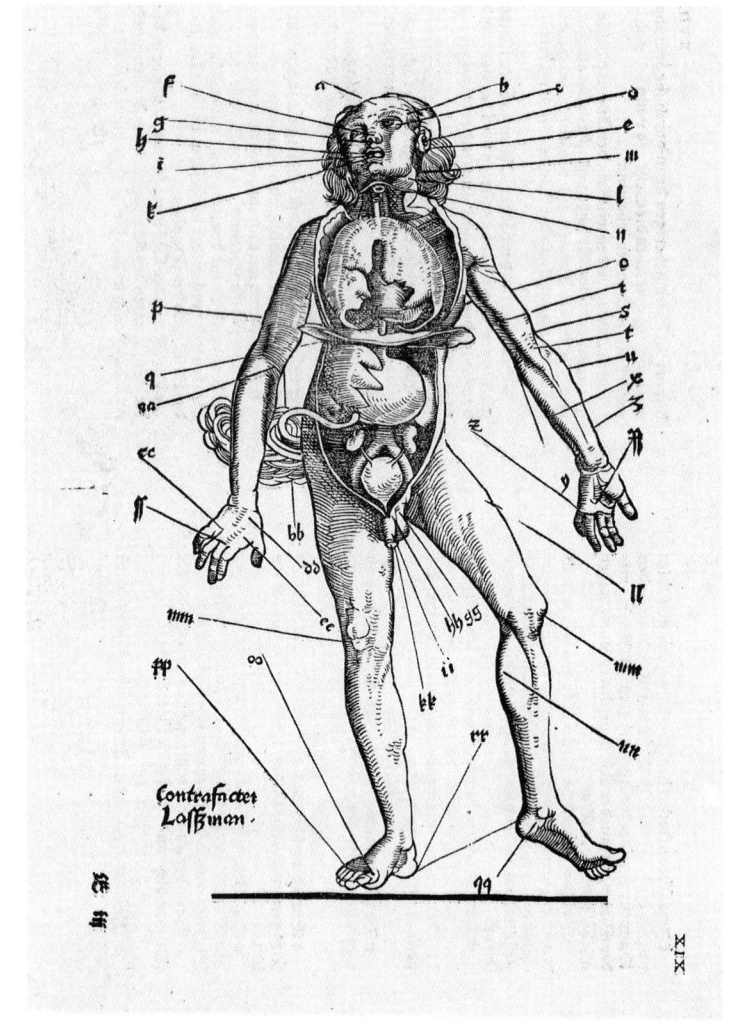

Ein ärztliches Schaubild aus dem Jahre 1552, das die Aderlaßpunkte des Körpers zeigt. Magdalena spricht nur davon, am Arm zur Ader gelassen zu werden, wahrscheinlich in der Unterarmbeuge.
(Wiedergabe mit Genehmigung der Bayerischen Staatsbibliothek München)

Die heißen Quellen von Karlsbad in der zweiten Hälfte des 16. Jahrhunderts. Stich von G. Hupschmann, 17. Jahrhundert.
Balthasar besuchte die Quellen im Sommer des Jahres 1591. In der Mitte des Bildes sind die Quellen mit ihren aufsteigenden heißen Dämpfen zu sehen. Hölzerne Kanäle leiten das Wasser in die Badehäuser rechts und links, welche nach Geschlechtern getrennt sind. Ein gesondertes Badehaus ohne Bedachung blieb den Aussätzigen vorbehalten (im Vordergrund ganz links).
(Wiedergabe mit Genehmigung des Bildarchivs Preußischer Kulturbesitz, Berlin)

Dum ægris ægrum prope Mors circumuolat alis,   O ΘΕΟΣ.   Tum me promissis beat et domus omnis adorat,
Funestamq́ aciem iam fera iamq́ parat.   Tum vocat immensum me venerata DEVM.

Die Gestalt Christi als Arzt. Kupferstich des holländischen Künstlers Hendrick Goltzius, um 1587.
Hier zeigt sich das Verständnis der Nürnberger Ärzte von ihrem Beruf als einem von Gott inspirierten. Christus hält in seiner rechten Hand eine Harnflasche und in der linken einen Salbenbehälter aus Porzellan. Um die Taille hängt ihm ein Operationsbesteck, zu seinen Füßen liegen heilkundliche Bücher und Anleitungen. Im Hintergrund werden die Kranken gepflegt und Operationen durchgeführt. Die Verse, die Christus deklamiert, belegen das Selbstverständnis der Ärzteschaft.
  Wenn schwarz die Todesschwinge dem Siechen dräut,
  Der Tod schon ausholt zu seinem Leichenschnitt,
  Beglückt mich Flehen und Loben im ganzen Haus.
  Die dann nach mir jammern, rufen die Allmacht von Gott.
(Wiedergabe mit Genehmigung der Staatlichen Museen Preußischer Kulturbesitz, Kupferstichkabinett, Berlin)

III. PARTNER

Balthasar hatte wie seine Zeitgenossen nur eine begrenzte Zahl von Möglichkeiten, was die Berufswahl betraf. Da seine männlichen Vorfahren mütterlicher- und väterlicherseits seit Generationen Kaufleute gewesen waren, war Balthasar schon als Junge zum Kaufmannsleben bestimmt. Die Lehrzeit begann zwischen dem zwölften und dem fünfzehnten Lebensjahr, wenn ein Junge ordentlich lesen, schreiben und rechnen gelernt hatte. Vielleicht hat Balthasar auch eine Lateinschule besucht wie später sein Sohn. Üblicherweise dauerte die Lehrzeit fünf bis sieben Jahre – oft war sie aber auch noch viel länger –, und die jungen Lehrlinge mußten wenigstens einen Teil der Zeit im Ausland verbringen, da die Kenntnis fremder Sprachen und Gebräuche Voraussetzung für geschäftlichen Erfolg war.

Körperliche Ausdauer war ein wichtiger Aktivposten, denn Kaufleute reisten ständig zwischen Einkaufsquellen und Märkten umher; der halbjährliche Zug Nürnberger Kaufleute nach Frankfurt war eine Reise von sieben Tagen. Wenn man mit Worten umzugehen wußte, half das ebenfalls: daraus konnte ein Kaufmann beim Feilschen und Geldeintreiben – beides Anforderungen des täglichen Lebens – manchen Vorteil ziehen. Der Erfolg hing oftmals von Kenntnissen und Fertigkeiten ab, die nur eine lange Erfahrung verlieh; dazu zählte vor allem die Fähigkeit, den Bedarf vorauszusehen, billige Qualitätsware ausfindig zu machen und ein Netz verläßlicher Kontakte und Helfer zwischen den Einkaufsquellen und Märkten strategisch auszuspannen.

BALTHASAR AN SEINEN VATER
am 7. Mai 1572 aus Nürnberg

Kindliche Liebe und Treue zuvor, herzlieber Herr Vater. Dein Schreiben vom 6. [Mai] ist mir heute früh wohl zugekommen; ich denk, Du wirst aber abermals vergessen haben, den Mantel herzuschicken. Ela* wollte das doch gern, daß Du ihn bei erster Gelegenheit herschafffst, denn sie bedarf seiner wohl.

Den Brief über Sebald Bucher hab ich jüngst nicht beizugeben vergessen gehabt; ich habe ihn nur vom Vetter nicht bekommen können, denn er hat mir den Tag zuvor gesagt, daß er mir ihn zustellen wollt; am andern Tag aber, als ich meinen Brief schrieb, war er nicht in der Schreibstube, und ich konnte den Brief auch nicht finden. Ich schick ihn Dir in diesem Brief.

Vorgestern hat Meister Jörg angefangen, das Dach auf Deinem Haus verstreichen zu lassen; ich denk, er sollte heute damit fertig werden. Dann zahle ich Deinem Befehl gemäß; wenn ich's aber aufschieben kann, bis Du selber herkommst, will ich's tun, denn ich verstehe mich auf sowas etwas wenig. Bishero hab ich noch nichts derhalben ausgegeben.

Der Schmidtmaier hat dem Vettern noch die 30 Gulden Abnutzung wegen der 1000 Gulden von Martin Pfinzings Erben auf ein halbes Jahr bezahlt; er sagt, da einmal [der Name] Balthasar Paumgartner aufgeschrieben sei, wisse er keinen andern als Dich mit diesem Namen. Er hat für den alten Anteil auch noch sechs Gulden bezahlt; Hieronymus Schnitter hat 25 Gulden bezahlt und Sigmund Haller 12.10 Gulden, das macht samt den 50 Gulden vom Bucher 123.10 Gulden alles in allem. Dieses Geld hab ich alles dem Vettern Albrecht Scheurl zugestellt, der nun Anordnung von Dir begehrt, was er damit vornehmen soll. Auf Dein Begehren will ich den Hans im Heilsbronner Hof ein Fäßlein zapffrischen Wein kaufen lassen und es von diesem Geld bezahlen. Wenn ich Dir den Überrest in Scheidemünzen hinschaffen sollte, wollest Du mir berichten, ob Dir Dreikreuzerstücke, beispielsweise königlich böhmische und schweizerische durcheinander, dienlich wären. Dann wollte ich zusehen, daß ich hier mit einem Nutzen von hundert [Prozent] solche Dreikreuzer einwechseln kann. Es ist diese Woche ein Kreistag [Münzprobationstag des fränkischen Kreises] hier, so daß viele fremde Leute hier sind. Was sie halt Gutes verrichten werden, wird am meisten die Münze

* Helena, Balthasars Schwester.

betreffen, glaub ich. Schweizerische Münzen gehen hier jetzt sehr; die Taler verlieren sich gewaltig. Unter den wenigen Talern, die man noch findet, ist hier der halbe Teil schweizerisch. Wir werden jetzt bald eine ganze Summe Taler für etliche Herren aus Augsburg brauchen; um eher welche zu bekommen, haben sie uns erlaubt, beim Wechsel die Hälfte auf 100 [Prozent] draufzuzahlen, da sie bei jemandem in Augsburg beim Wechsel auch die Hälfte auf zwei Drittel Verlust gegen andere große Münzen erlitten haben. Wo das am Ende noch bald hinführen soll!

Vetter Albrecht Scheurl läßt Dich bitten, daß Du an die Abmachung mit ihm denken und seinen [Anteil] herschicken wollest.

Ich hab gar gern gehört, daß Du bald hierher reisen wollest. Seither hat mir Vetter Albrecht Scheurl gesagt, daß ich mich schnell rüsten soll, denn wenn Wilhelm wiederkomme, werden sie mich nach Lucca schicken. Wie und was aber ich genau machen soll und unter welchen Konditionen, davon hat man mir nicht das Geringste vermeldet. Das alles hab ich dem Herrn Nützel mitgeteilt, der meint, daß ich den Vetter dennoch fragen soll, wie sie's mit mir machen wollten, damit ich erfahre, worauf ich mich einrichten soll. Damit, nur hinzuziehen, wäre mir wenig beholfen. Das stimmte wohl, aber wie dem auch sei, ich gehe nicht gern daran, dem Vetter solche Fragen vorzuhalten, da ich mich sorge - ja, schier für gewiß halte -, daß er es nicht im Guten von mir aufnehmen würde. Es ist ja mein eigener Schade, mich hier die ganze Zeit so gar vergebens aufzuhalten, aber ich hab mich's nicht unterstehen dürfen. Wohl hab ich ihn gestern gefragt, was er vermute, wie lange ich denn dort bleiben möge. Da zeigt er mir an, daß sie davon noch nicht geredet haben und sich auch bis nach der Herbstmesse nicht entschließen mögen; daraus kann ich dann wohl schließen, daß sie für diesmal nichts mit mir planen wollen. Darum wollte ich desto lieber, je eher Du herkämest.

Sonst nichts mehr als Gott befohlen.

Dein lieber Sohn Balthasar Paumgartner der Jüngere

Als Balthasar diesen Brief an seinen Vater in Altdorf schrieb, war er 21 Jahre alt; seine Lehrzeit in Nürnberg – augenscheinlich bei seinem Onkel Albrecht Scheurl – ging zu Ende. Neben den Familienangelegenheiten beschäftigt ihn das Gerücht, er solle bald nach Lucca geschickt werden, dem italienischen Stützpunkt vieler Nürnberger Handelsunternehmungen. Die Aussicht auf eine solche Aufgabe befriedigt und erregt ihn, aber die Undurchsichtigkeit und Schwammigkeit des Gerüchts quälen ihn auch sehr. Wie wird er reisen? Wo wird er unterkommen? Welche Position wird er einnehmen? Was sind seine Aufgaben? Zu seinem Unglück hat er nicht den Mut, seinen Onkel um nähere Einzelheiten anzugehen, denn er ist der festen Überzeugung, solche Fragen könnten als Dreistigkeiten aufgefaßt werden. Erst kürzlich hat er feststellen müssen, daß erst nach der in gut sechs Monaten stattfindenden Herbstmesse die endgültige Entscheidung über seine Abreise gefällt werden soll, und das läßt ihn in Depressionen und Selbstvorwürfe verfallen. Er hofft, daß sein Vater, der bald nach Nürnberg kommen will, in der Lage sein wird, ihm beizustehen oder doch zumindest nähere Informationen zu bekommen. Unterdessen ist Balthasar dazu verurteilt, sich in Nürnberg nutzlos und *so gar vergebens aufzuhalten.*

Bis zum Jahre 1582, als der Briefwechsel mit Magdalena einsetzt, hat es Balthasar zum selbständigen Kaufmann gebracht, der es gewohnt ist, zwischen Nürnberg, Lucca und Frankfurt umherzureisen. Von seiner Niederlassung in Lucca aus kauft er Waren aus der Mitte Norditaliens auf, die er dann an seine Kunden in Nürnberg und auf die Frankfurter Frühjahrs- und Herbstmessen transportiert. Er ist verlobt und wird bald heiraten. Immer noch lebt aber der ängstliche junge Bursche des Jahres 1572 im erfahrenen Mann von 1582 fort. Mehr als zuvor glaubt er sich von der Gnade von Kräften abhängig, die jenseits seiner Kontrolle liegen. Er ist übervorsichtig bis hin zur Unentschlossenheit, immer zum Klagen aufgelegt und voller Hoffnung, daß irgend jemand – sei es Gott oder ein Mensch – eingreift und ihm Entlastung verschafft. Der Lehrling, dessen Kräfte in Nürnberg erlahmten, ist nun ein verquälter Kaufmann in Lucca. Seine alte Tante Scheurl, der er sich besonders nahe fühlt, zeigt Magdalena (die ihr eine gute Freundin geworden ist) einen Brief, in dem er seine Langeweile und seinen ständigen Ärger bekennt. Magdalena offeriert ihrem unglücklichen Bräutigam schnelle und freigebige Tröstung (*Wollte Gott, ich könnte Dir solche Sorgen tragen helfen*, schreibt sie), aber seine Langeweile scheint sie doch auch befriedigt zu haben, denn sie sieht darin ein Zeichen, daß Balthasar sie vermißt und braucht. Der Brief mit seiner Klage, sein einziges Vergnügen sei eine Schauspieltruppe gewesen, aus der er *ein Weibsbild (...), die reden (wie man zu sagen pflegt) gekonnt hat*, geradezu schwärmerisch heraushebt, mag andererseits Eifersuchtsgefühle bei Magdalena geweckt haben. Als die Jahre verstreichen, fühlt sich Balthasar immer mehr von seiner Arbeit aufgezehrt, und Klagen über Langeweile, Ärger und Unsicherheit werden immer häufiger. Als er Magdalena im Juli 1584 aus Lucca schreibt, zeigt er sich erschöpft von der Arbeit und bedrückt vom endlos scheinenden Streit mit seinem älteren Bruder Caspar – die beiden Brüder stritten um die größere Gunst des Vaters –; außerdem beklagt er den Tod eines Freundes in Nürnberg kurz zuvor.

Ich hab ja schlechte Freude: während man droben im Bad und auch hier überall fröhlich ist, bin ich still und traurig – ja, ich mag oft gar nichts reden. Ich bin mir schier selber feind und mag nur murren. Viele Leute, die mich zuvor gekannt, beschreien mich darum oft, wiewohl ich mein Lebtag nie gern viel Worte gemacht hab. Mein größte Freud, wenn ich hier bin, ist der Sonntagabend, wenn die Briefe kommen, und darauf warte ich allwegs mit großem Verlangen. Nun, es geht gottlob an jedem Tag ein Tag hinweg.

Er findet Frankfurt genauso ungastlich wie Italien: es sei ein **Fegefeuer**, und er sorgt sich, daß er eines Tages unfähig sein könnte, sich daraus zu befreien. Im Frühjahr des Jahres 1586 schreibt er, er habe Frankfurt satt, **als wenn ich mit Löffeln davon gegessen hätt**; er gesteht Magdalena seine Furcht, von einem Tag zum anderen könne er sich dort vollkommen ruinieren. Bei anderer Gelegenheit treffen wir ihn an, wie er die Stunden zählt, bis er Frankfurt mit dem Zug der Kaufleute verlassen kann; er ist demoralisiert von der Verzögerung, vom Angewiesensein auf den Geleitzug und von der Aussicht, mit einem kränkelnden Pferd reisen zu müssen, das er nicht verkaufen konnte. **Es geht mir also gar nicht nach meinem Sinn,** bekennt er. **Ich muß mich also schier darein ergeben, daß mir nimmer nichts, was ich vor mir hab, nach meinem Willen geht.**

Balthasars Briefe sind ein fortlaufender Kommentar zur dunklen Seite des Kaufmannsdaseins. Die körperliche Gefahr entlang der Handelsstrecke, die er und seine Kollegen »Mordweg« nennen, verfolgt ihn. Im März 1591, als er Magdalena aus Frankfurt schreibt, ist er nach einer bedrohlichen, aber doch ohne Schaden überstandenen Reise mehr als erleichtert.

Am vergangenen Erichtag [= Dienstag] **früh schrieb ich Dir ein kleines Brieflein, aber gleichsam verzagt, denn es ging mir, als wolle mich ein Fieber ankommen, was die ganze Reise ins Schlechte gewendet hat. Es hat sich aber, Gott sei Lob und Dank, fein gebessert, so daß mir das Essen und das Trinken wiederum wohl schmeckt. Hernach ist mein Bruder Jörg mit den Gütern in Geleit gottlob auch wohl herabgekommen. Von fremdem** [Soldaten-] **Volk ist aber auf dem überbösen Mordweg, der von allen Orten hierher führt, noch niemand gehindert worden.**

Berichte über Straßenräuber werden von den Kaufleuten ebenso gewissenhaft zur Kenntnis genommen wie Wetterberichte. Wenn von Straßenräubern einmal keine Gefahr ausgeht, können Heerestruppen oder Söldnerhaufen gleich welcher Seite die Handelswege genauso nachhaltig abschneiden, und wenn sie weder von Straßenräubern noch von Soldaten bedrängt werden, mögen die Kaufleute auf Städter treffen, die Fremden aus Furcht vor der Pestübertragung mit Mißtrauen begegnen und plötzlich ihre Stadttore für Reisende schließen. Nie ist der sichere Transport italienischer Waren gen Norden nach Nürnberg und Frankfurt garantiert.

Die Jahreszeiten wirken sich verheerend auf die Gesundheit der Kaufleute aus. Nach wochenlangem Reiten in winterlichem Wetter sind Balthasars Hände geschwollen und rissig. So sehr sind seine Lungen und Atemwege durch Erkältungen und Grippe mit Schleim gefüllt, daß ihm die Taschentücher ausgehen. Im Sommer bringen Hitzewellen alle Reisevorhaben von heute auf morgen zum Stillstand, und während Hungersnöten, die das ganze Jahr über auftreten, säumen Gesichter, die *erbärmlich übel genug aussehen*, die Handelswege.

Aber nicht allein die körperlichen Risiken entfremdeten Balthasar seiner Arbeit; er hätte seinen Beruf auch unter günstigsten gesundheitlichen Umständen nicht gemocht. An den wichtigsten Pflichten des Handelsgewerbes – dem Feilschen über Preise und der Jagd nach hohen Umsätzen – fand Balthasar keinen Geschmack. Er verabscheute Wettbewerb und Konfrontation. Als sich im Herbst 1584 sein Aufbruch zur Heimkehr von der Frankfurter Messe verzögerte, lag das daran, daß *das Geld sehr heiß und sauer aus den Leuten herausgeht* – sie zahlten zwar, aber mit Ärger und Widerstreben, und ihm fehlte die Willenskraft, sie zu drängen. Als er im nächsten Frühjahr wieder auf der Messe ist, gibt er seine Fehler freimütig zu: *Ich bin nunmehr in der größten Mühe und Arbeit, und wollte für mein Teil, es wäre schon wohl verrichtet; ich wollte dafür auch gern etwas Gutes schuldig sein. Nun, ich muß mich nun mit Gewalt hindurchbringen, und es wird noch manchmal Geschrei und Zank genug geben; dafür wollt ich wohl viel lieber daheim sein.* Im Jahre 1592 verließ er vorzeitig die *betrübte* Frankfurter Frühjahrsmesse, *derentgleichen* ich noch keine nie gehabt hab, sobald die Verhandlungen auf den Weg gebracht waren, und überließ alle Angelegenheiten seinen Stellvertretern und Untergebenen. Auch im folgenden Herbst machten ihn die Quälerei und der Verdruß auf der Messe regelrecht fertig. *Will mir also dies Frankfurt je länger je mehr verleidet werden,* schreibt er an Magdalena. Er stellt der größeren Ruhe und Gewandtheit seines Vetters Paulus Scheurl die eigenen Unzulänglichkeiten gegenüber, da er *nicht gut leiden kann, wenn mir ein gar so schlechtes Gebot auf etwas gemacht wird.* Als die Frühjahrsmesse von 1593 vorüber war, teilte er Magdalena mit, zwar sei nun die anstrengende Arbeit des Kaufens und Verkaufens überstanden, doch die andere, noch größere Mühsal der Messe stehe noch bevor, nämlich die *mit der Bezahlung, da es oft viel Schreien, Zanken und oft auch Verfluchen gibt.* Zehn Tage später konnte er frohlocken, daß das Schachern vorüber war. Er wollte schnell *fröhlicher hinaufreisen,* wenn ein noch unvollendeter Handel rasch zum Abschluß gebracht werden könne; er beeilte sich aber, mit der von vielen Enttäuschungen genährten typischen Vorsicht hinzuzufügen: *wie man's gern hätt, wird man's doch nicht allzeit haben können.*

Die Messe von 1596 brachte eine neue Erschwernis. Die kaiserliche Münzkommission unter dem gemeinsamen Vorsitz des Grafen Georg von Erbach und eines Bamberger Arztes, Dr. Achaz Hüls, der der augenblickliche Vollmachtsträger war, begann damit, auf der Messe neue, unvorteilhafte Wechselkurse einzuführen. Das Ergebnis brachte für Balthasar *eine große Zerrüttung, Unordnung und Schaden in diese Messe und Zahlung (...). Unser Herrgott verzeihe es ihm* [Dr. Hüls], *daß er so viele betrübte Herzen macht. Es ist keines Doktors Werk allein; in solchem Rat gehören auch verständige und geschickte Kaufleute gehört.* Dr. Hüls fuhr auch auf der Messe von 1597 fort, *allerlei Verhinderung, Unordnung, Schaden und Widerwillen unter den Leuten* zu verursachen, doch eine sich verschlimmernde Entzündung am Ohr sorgte dafür, daß Balthasar über andere Dinge verdrossen genug sein konnte. Wegen seiner Gesundheit ver-

ordnete er sich Hausarrest; er blieb im Quartier und hielt sich warm, legte sich zeitig nach einer Suppe und zwei Eiern zu Bett, den Kopf fest in ein altes Hemd gewickelt. Diese doppelte Dosis aus schlechter Laune und Krankheit bei hohem finanziellen Verlust gibt ihm wieder eine Lieblingsformel der Verzweiflung ein: *Nun, ich hab von Frankfurt so genug, als wenn ich's mit Löffeln gegessen hätt.*

Auch Familienstreitigkeiten folgten Balthasar nach Lucca und Frankfurt, besonders die Rivalität mit seinem zur Niedertracht neigenden älteren Bruder Caspar. Magdalena und er glaubten, Caspar würde jede Gelegenheit ergreifen, gegen ihn zu intrigieren, sobald Balthasar außerhalb der Stadtmauern war. Fast genau einen Monat vor ihrer Hochzeit mit Balthasar kam Magdalena zu Ohren, Caspar versuche, seine eigene – zweite – Hochzeitsfeier in die Woche direkt vor ihre Feier zu legen. Sie vermeldete diesen unverschämten Versuch, *uns zu verdrängen*, voller Verärgerung, denn sie fürchtete, für ihre eigene Hochzeit würde kein Wild mehr übrig bleiben, wenn Caspar Erfolg habe. (Offensichtlich glückte es ihm nicht.) Ein Jahr später meldeten Magdalena und Paulus Scheurl weiteren *Lumpenhandel* von Caspar, und diesmal zählte dazu auch die Verleumdung Balthasars bei seinem Vater. Balthasar schrieb direkt an Caspar und verlangte eine Erklärung, die aber weder Klarheit schaffte noch Balthasar befriedigte. Er versuchte, umsichtig und philosophisch vorzugehen, indem er die Ränkespiele seines Bruders *weder zu wenig noch zuviel* zur Kenntnis nahm. Der Aufwand an Gefühlen aber, den Caspars Versuche, Balthasar ihrem Vater zu entfremden, ihm abnötigte, ist seiner Reaktion auf die Nachricht vom Tode Nürnberger Freunde abzulesen: *wollte Gott, Du hättest mir solche Nachricht von meinem Bruder, diesem Unflätigen, geschrieben, bei dem ich mich besorge, daß er uns allen mit seinem unflätigen Wesen noch zu schicken und zu schaffen geben werde.*

Auch Magdalena spürte in ihren Gefühlen einen Druck von Caspar. Im Sommer des Jahres 1584 hatte Caspars Frau wegen ihrer Mitwirkung bei der Bestrafung eines des

Diebstahls bezichtigten Dienstmädchens zwanzig Gulden Strafe zahlen müssen; das Mädchen, das bei der Tat erwischt worden war, war ohne ordnungsgemäßes Verhör eingekerkert und ausgepeitscht worden. Es stellte sich heraus, daß das Mädchen behauptete, *auf ihres Herrn Befehl* gestohlen zu haben, und auf dieser Grundlage legte sie mit Erfolg Einspruch gegen ihre Bestrafung beim Bürgermeister ein. Unter Betrachtung ihres Verhältnisses zu Caspar und seiner Frau wurde die Tat des Mädchens eher als böswillig denn kriminell betrachtet, und die heimliche Komplizenschaft ihrer Herrschaften konnte mit einer Geldstrafe abgegolten werden. *Ist ja für keinen Bruder zu halten, der lose Mensch!* spottet Magdalena. Ein paar Monate später erschien Caspars Frau vor den Fünfen, einem Polizeigericht, das über Kleinkriminalität und Schädigungsklagen Urteil zu sprechen hatte; sie sah sich der Beschuldigung ausgesetzt, ihr Mädchen mit einem Holzscheit geschlagen zu haben. *Wenn nun die Maid sie zurückgeschlagen hätte!* wünscht sich Magdalena. Die Feindschaft blieb bestehen. In ihrem Bericht über Todesfälle und Beerdigungen in Nürnberg im Januar 1592 erwähnte Magdalena auch einen Verbrecher, der im Gefängnis starb und mit dem Balthasar früher schon einmal in Konflikt geraten war. Bei ihren Kommentaren zur Grabprozession konnte Magdalena nicht den Wunsch unterdrücken, *wenn doch nun Caspar mitgefahren wär!*

Am Ende überwand Balthasar aber die brüderliche Herausforderung sowohl emotional als auch auf dem Boden harter Tatsachen. Im November 1591 hatte Caspar unter Vortäuschung äußerster Notlage seinen Vater überredet, ihm fünfzehn Gulden zu leihen; davon wollte er sich für den bevorstehenden Winter einkleiden. Da Magdalena eine urteilsfähige Expertin für die Güte von Stoffen und Verarbeitung war, wurde Balthasars Bruder Jörg vom Vater gebeten, sie Caspars Auswahl prüfen und die vernünftige Verwendung des Geldes überwachen zu lassen. Caspar muß um diese Zeit ein Mann von Anfang Vierzig und hochgradig undiszipliniert gewesen sein. Magdalena stand dem ganzen Vorhaben recht zynisch gegenüber: *er soll* [den Anzug] *jetzt fein ins nächste Wirtshaus tragen und verspielen,* schreibt sie bissig, *so muß man ihm hernach ein steinernes Kleid anziehen.* Zwei Tage nachdem der Anzug auf Magdalenas Empfehlung hin gekauft worden war, fand sie ihn wieder beim Kaufmann auf dem Marktplatz. Wie die Verkäuferin angab, hatte Caspar ihn zurückgegeben und den Preis erstattet bekommen; er hatte behauptet, der Anzug sitze nicht richtig. Magdalena verdächtigte die Verkäuferin, selbst den Schwindel mitzuspielen, indem sie sich von Caspar für die Zurücknahme einen Abschlag geben ließ und gleichzeitig den Anzug zum vollen Preis neu verkaufen konnte. Jörgs Versuche, das Geld wiederzubekommen, blieben vergeblich: nur sechs Gulden waren übrig, als er Caspar stellen konnte. Balthasar zeigte sich angewidert von Caspars *Hundspossen,* doch nun konnte er darauf vertrauen, daß sein Vater inzwischen genügend Beispiele solcher Possen gesehen hatte, und brauchte sich angesichts dieses letzten Vorfalls nicht mehr über Gebühr aufzuregen. Balthasar weigerte sich, direkt in die Angelegenheit hineingezogen zu werden, obwohl er an den Bürgermeister Hieronymus Paumgartner und an Paulus Scheurl mit der Bitte schrieb, seinem Vater beizustehen. *Caspar wird also nicht besser,* folgerte Magdalena aus dem Vorfall, *bis man ihn* [gefangen] *setzt.*

Drei Jahre später landete Caspar im Gefängnis: er hatte eine Gräfin aus der Umgebung betrogen. Für Waren, die er nie auslieferte, hatte er sich 72 Gulden bezahlen lassen. Sowohl Caspar als auch seine Frau baten Mitglieder der Familie, den Grafen zu entschädigen – die Schlüsselbedingung für Caspars vorzeitige Freilassung. Seine Frau ging bis zu der Warnung, Caspar könnte Selbstmord begehen, wenn man ihn lange im Gefängnis lasse. Alle jedoch weigerten sich einzuschreiten, und niemand tat es mit größerem Nachdruck und auch mit einem stärkeren Gefühl der Rechtschaffenheit als Balthasar.

Der manchmal an paranoide Züge grenzende Verdacht, seine Mitmenschen würden ihm Ressentimens und üble Gedanken entgegenbringen, war fester Bestandteil von Balthasars Gefühlswelt. Ein gut Teil davon erklärt sich aus der konkreten Verwundbarkeit, dem Wettbewerb und den unsicheren Wagnissen des Kaufmannslebens, aber anhaltende Familienränke spielten für Balthasars Gedankenzustand auch eine Rolle. Nach einem bedrückenden Zusammentreffen mit einem neuen Schwager, Alexander Geuder, einem mächtigen Patrizier, dessen Familie zwei Vertreter (das war die Höchstgrenze) unter den machtvollen dreizehn Altbürgermeistern der Stadt hatte, schüttete Balthasar Magdalena im Jahre 1596 sein Herz aus. Balthasar versuchte damals, in der Oberen Pfalz Land vom Grundbesitz des Grafen von Ortenburg zu erwerben und auf diese Weise in ein ruhiges Leben als Landedelmann überzuwechseln. Es erwies sich als schwierig, den Handel zum Abschluß zu bringen, denn die solche Verkäufe betreffenden Gesetze waren kompliziert und statteten die Adeligen bei den Verhandlungen mit Vorteilen aus. Balthasar konnte seine Pläne und Enttäuschungen mit seiner Schwester Susanna und mit Geuder teilen, die im vorangegangenen Jahr geheiratet hatten. Geuder aber nahm ihm den angestrebten Wegzug aus Nürnberg übel und scheint seinen Ehrgeiz mit Spott bedacht zu haben. Balthasar war überzeugt, Geuder würde es lieber sehen, wenn er dem Leben eines kleinen Kaufmanns in der Stadt verhaftet bliebe. Über die Begegnung schreibt Balthasar an Magdalena:

Schwager Alexander Geuder ist dieser Tage mit seinem Weib auch hier gewesen. Ich merke soviel, daß der leidige Neidhard halt auch mit ihm durchgeht und man mir's mit Fleiß so sauer machen will. Er hat mir manch Glück gewünscht, aber hinterwärts anders gedacht und davon geredet, wie denn von einer Ratsperson gesagt worden sei, man sollte jenigen Bürgern, die das ihrige also aus der hiesigen Losung ziehen und in solchen Landsassengütern anlegen wollen, das Bürgerrecht folgend gar auffagen und sie ihren Pfen=

nig anderswo zehren heißen. Nun, mit Geduld überwindet man viel, und Untreue schlägt gewöhnlich ihren eigenen Herrn.

Balthasar schaffte es, einen Besitz in der Oberen Pfalz zu erwerben: Holenstein. Daß er sich diesen Wunsch erfüllen konnte, sagt einiges über den Erfolg seiner Kaufmannstätigkeit aus; die finanzielle Kraftanstrengung, die es bedeutete, zeigt aber auch, daß Balthasar keine Reichtümer angesammelt hatte. Im September klagt er Magdalena, daß es ihm **nicht zu kleinen Unstatten und Schaden gereichen** wird, die Abzahlung für Holenstein nach der neuen Münzordnung zu leisten. Nach dem März 1597 richtete Balthasar sich für die verbleibenden drei Jahre seines Lebens in Holenstein ein; nun war er kein Gefangener der gefürchteten halbjährlichen Messen mehr.

So schwierig er das Kaufmannsleben auch fand und so sehr er es verabscheuen gelernt hatte, sah Balthasar darin doch auch eine Gnade. Es nötigte ihn zu Ordnung und Disziplin, ohne die, wie er fürchtete, er vielleicht der Trägheit und der Trunksucht hätte verfallen können. Seine inspiriertesten Kommentare zum Leben als Kaufmann überhaupt gibt er in diesem Zusammenhang ab: er gesteht sich eine Neigung zum haltlosen Trinken ein, insbesondere bei festlichen Anlässen, und er glaubt, nur seine Arbeit habe ihn in den Stand versetzt, diese Neigung unter Kontrolle zu halten. Als Magdalena im Jahre 1592 die Weihnachtsfeierlichkeiten beschreibt, von denen sie meint, er bedaure, nicht dabei sein zu können, freut sich Balthasar zwar über den Spaß, den sie hat; er drückt aber auch seine Erleichterung aus, durch die Arbeit den Versuchungen ferngehalten zu werden, die solche Feiern begleiten.

Mir ist es lieb, daß draußen soviel guter Mut, Gasterei, Hochzeiterei und schier gar das Schlaraffenland ist, und aber noch lieber, daß ich selber nicht dabei sein darf, weil ich manches schädlichen Trunks dadurch überhoben bin. Ich bin, glaub mir, bei meinem Ordinarium allhier viel gesünder.

Nach der Beschreibung von William Smith hatte Nürnberg seinen Ruf als eine Stadt, in der jeder Mann »manchmal betrunken zu sein« gezwungen wird, durchaus nicht verdient. Er fand in Nürnberg – im Unterschied zu den Städten in Sachsen – einen Ort, wo es respektiert wurde, wenn man das Mittrinken abschlug. Es ist klar, daß die Versuchung für Balthasar bei festlichen Gelegenheiten zu groß war und sein Wille zu schwach. Er ermahnt Magdalena, sie lasse ihm **eine fast schlechte Freundschaft** angedeihen, wenn sie sich wünscht, er solle mit ihr all die Feiereien und Festessen besuchen. **In meinem ordentlichen nüchternen Leben hier will ich viel gesünder sein und bleiben.** Dennoch kann Magdalena auch bei einem weiteren Anlaß nicht den Wunsch unterdrücken, ihn doch an ihrer Seite zu haben. **Es hat mir allein an Dir gemangelt**, schreibt sie ihm, als sie von ihrem Vergnügen berichtet. Sie beeilt sich aber, schnell hinzuzufügen: **Jedoch daß es Dir des übermäßigen Trinkens halber in der Ferne viel besser geht, wie Du mir schreibst, glaube ich gar wohl.**

Der Fuchsschwanz wird gestrichen

Magdalena an Balthasar
am 18. April 1594 aus Nürnberg

Ehrbarer, freundlicher, herzlieber Paumgartner!

Dein Schreiben ist mir von Augsburg aus wohl zugekommen; ich will zu Gott dem Allmächtigen verhoffen, wenn dieses Schreiben ankommt, wirst Du mit der Hilfe Gottes auch wohl angekommen sein. Er verleihe Dir weiter seine göttliche Gnade!

Ich hab auch gern vernommen, daß sich die Pferde gut gehalten haben. Den Schneider hab ich schon bezahlt gehabt nach Deiner Abreise, aber kein wollenes Tuch ist übergeblieben, sagt er. Den [Knecht] Hans will ich, wenn er kommt, auch zum Grafen schicken, wie Du schreibst.

So hab ich Deinem Bruder Jörg das Geld, das Bartel Albrecht gehört, auch zugestellt; er soll's ihm zustellen. Schwager Jörg spricht, daß man Dir das schon zugeschrieben hat, was Du auf die Rechnung des Fuhrlohns zu Frankfurt gesetzt hast.

Der Bauern [in Wöhrd] halber will ich auch nicht versäumen zu mahnen; ich will das auch dem Schwager Paulus in Engelthal ausrichten lassen.

Auch ist der Wein oder Ablaß am Sonntag nach Deinem Verreisen gekommen. Schwager Jörg hat genauestens berechnet, daß wir für's Fuder 23 Gulden, nicht weniger, nehmen wollen. So hab ich dem [= Deinem] Vater eins geschickt, dem Wilhelm Imhoff eins und Wilhelm Kress eins; weil [Paulus] Behaim keins gewollt, bat mich der Kress, ich sollt ihm's zustehen lassen. So hab ich nur eins auf Vorrat gelegt. Dem [Wolf] Rehlein eins, den Pfauds eins. Wenn ich nun den Ungeldzettel holen laß, daß mir's der Jörg ausrechnet, wie teuer der Eimer kommt, dann schick ich einem jeden seinen Rechnungszettel.

Er ist sonst gut. Mit dem Ungeldeinnehmer hab ich aber einen Streit gehabt wegen des Weins. Als ich ihm das Geld schick, die 34 Gulden, schickt er's mir wieder, zerreißt den Zettel und sagt, er müsse einen neuen machen, es sei ein Faß dazu gekommen, das auf dem Markt gekauft wurde. Ich schick ihm zweimal Nachricht und laß ihm sagen, ich weiß von keinem, Du kaufst doch gar keinen auf dem Markt, er werde sonst jemandem gehören. Zuletzt geht Schwager Jörg hin, kommt wieder und fragt, ob Du etwa keins beim alten Hans genommen hast; so besinn ich mich erst, daß Du das Faß, das wir neulich austranken, bei ihm genommen hast. Ich hab ihm also 40 Gulden 3/4 schicken müssen, und er entbot mir, es sei wohl neun Wochen her, daß er Dir das Zettelchen gegeben habe. Ich hab mich gleich gewundert, daß Du's nach dem Zettel so langsam bezahlt hast.

Sonst weiß ich Dir, freundlicher Herzensschatz, für diesmal mehr nicht zu schreiben, als daß am Mittwoch die Heimladung*

---

* William Smith beschreibt diesen Brauch: »6 Tage vor der Hochzeit werden die Namen aller Gäste aufgeschrieben und die Liste einem Mann überbracht, der für die Hochzeiten und die Begräbnisse die Einladungen überbringt (es gibt ungefähr 12 dieser Männer in Nürnberg). In würdevoller Weise, gefolgt von einem Diener, benachrichtigt dieser Mann einen nach dem anderen und notiert die Zusagen, bis er seine richtige Zahl hat. Denn mehr als 60 Personen können nicht zum Essen kommen; es gibt nämlich 5 Tische mit je 12 Plätzen.«

[zu Paulus' Hochzeit] wohl abgegangen ist; vier frische Tische sind beisammen. Helfe Gott, daß die Hochzeit auch wohl abgehe! Und Du wolleft von mir, herzliebster Schatz, freundlich und fleißig gegrüßt und Gott in Gnaden befohlen sein.

Magdalena Balthasar Paumgartnerin

Wenn Balthasar auf Reisen war, wurde Magdalena zu seiner Auslieferungs-, Buchhaltungs- und Einnahmeagentin in Nürnberg. Sie begann schon vor der Heirat, solche Verantwortungen zu übernehmen, als sei das Teil der Hochzeitsvorbereitungen. Balthasar schreibt ihr im Dezember 1582 aus Lucca und weist sie an, Frau Lochner zu informieren, den von ihr bestellten karmesinroten Futteratlas und den zweifarbigen Doppeltaft habe er bestellt. Er schickt Magdalena fünf Fässer Wein, von denen sie drei an seinen Vater in Altdorf weiterbefördern soll; die beiden besten Fässer werden für den Hochzeitstag zurückgelegt. Magdalena nahm die Waren entgegen, zahlte den Frachtlohn und den von der Stadt verlangten Weinzoll und kümmerte sich mit Umsicht um alle Eingänge.

Mit den Jahren wurde aus diesen Verantwortlichkeiten eine wirkliche Partnerschaft. Magdalena nahm nicht nur die regelmäßigen Lieferungen Miltenberger Weins entgegen, sondern eine breite Palette von Handelswaren, die sie an ihre Nürnberger Kunden und an Verwandte auslieferte. Die meisten Tuchsendungen aus Italien bestanden aus Leinen und Damaststoff, aber häufig traf auch teurer Samt ein. Die besten Stücke behielt Magdalena manchmal für sich. Immer, wenn die ständigen Flachslieferungen eintrafen, kontrollierte sie sie genau auf Transportschäden, denn Flachs litt sehr schnell. Auch Weinstöcke und Korn gehörten zu den regelmäßigen Eingängen. Es kamen außerdem Mailänder Parmesan und holländischer Käse; ein großer Lachs am Stück (siebzehn Pfund, die zu kleinen Teilen an die Kunden ausgeteilt wurden); Samen, darunter auch Kürbissamen (für den Balthasar die genauen Pflanzanweisun-

und betrunkenen Knecht zu maßregeln, den sie mit Hilfe Paulus Scheurls zunächst entließ und dann – unter der Bedingung seines zukünftigen Wohlverhaltens – bis zu Balthasars Rückkehr vorläufig wiedereinstellte.

Schon früh in ihrer Beziehung war Balthasar aufgefallen, daß Magdalena eine scharfsinnige Geschäftsfrau abgab. In ihrer Verlobungszeit lobte er ihre Geschicklichkeit, die Freundschaft seiner Tante Scheurl zu gewinnen, der er sich sehr zugeneigt fühlte. Aus familiären Gründen war Balthasar daran interessiert, sich das Wohlwollen der alten Dame zu erhalten (sie war vermögend und einflußreich), und so ermutigte er Magdalena, ihre Beziehungen dadurch zu vertiefen, daß sie sich ihr anvertraute und ihren Rat suchte – aus Erfahrung wußte er, daß das seiner Tante gefiel. *Wirst Dich also zu verhalten und ihr den Fuchsschwanz wohl zu streichen wissen, daran ich gar nicht zweifle*, teilt er Magdalena mit, und das war gewiß ein großes Lob aus dem Munde eines Kaufmanns.

Diese Akte der Diplomatie und des Wohlwollens machten keinen geringen Teil von Magdalenas häuslichen Verantwortungen aus, und diese Rolle spielte sie selbstbewußt und voller Genuß. Auf der Hochzeitsfeier von Frau Carl Pfinzing will sie sich für Balthasar *einstellen* und *auch schmarotzen*. Sie informiert Balthasar, die zweite Verheiratung von Siegfried Pfinzing habe sie *an Deiner statt* beehrt. Da sie sich in ihrer Rolle als Frau des Kaufmanns gefällt, ist sie eine ideenreiche und entzückende Geschäftsfrau. Sie schickt an die alte Frau Köppel in Schlackenwalde (wahrscheinlich die Frau des Kaufmanns Hans Köppel, von dem Balthasar mit Kaninchen und Hühnchen versorgt wurde, als er zur Wasserkur im nahegelegenen Carlsbad war) eine Notiz zur Erinnerung, daß sie ihr Flachs schicke; damit sie es auch wirklich nicht vergesse, legt sie ihr noch ein Dutzend Lebkuchen bei. Als fünf Melonen – ein Geschenk vom *Sekretär von Bamberg* – bei ihr eintreffen, schickt sie ihm in Balthasars Namen sofort einen Dankesgruß. Bei einer Gelegenheit berichtet sie, sie habe einen an drei kleinen Ketten aufgehängten vergoldeten Zahnstocher aus Silber (eine Neuheit, die beim Einkauf auf dem Markt ihre Aufmerksamkeit erregt hatte) an Hans Albrecht geschickt – den älteren Bruder Balthasars, der als Silberschmied in Wien lebte und mit Balthasar nach dem Tod ihres Vaters die Anteile am Familienerbe aushandelte; der Zahnstocher war als Geschenk für seinen Sohn gedacht. Mit Genugtuung reagiert Balthasar auf die Nachricht, die Truchsessin von Pommersfelden habe Magdalena *ohne Anmahnen* dreißig Gulden geschickt – ein weiterer Hinweis darauf, daß Magdalena regelmäßig Außenstände bei Kunden eintrieb und die Konten fachmännisch führte. Balthasar vertraute Magdalena seine geheimsten Papiere an. Im Frühjahr 1587 weist er sie an, sie solle sich darauf vorbereiten, das Testament eines Eberhard Khürn aus seiner *großen eisernen Geldkiste* zu nehmen und es im Falle von Khürns Tod dessen Bruder und Neffen über einen Notar zuzuleiten.

Balthasar achtete Magdalenas geschäftliches Urteil und suchte es regelmäßig. Einmal beschreibt er einen Bettvorhang, den er gekauft und zu ihr vorausgeschickt hat, und setzt hinzu, wenn er ihr nicht gefalle oder sie ihn zu teuer finde, solle sie ihn durch den Händler zum bestmöglichen Preis wieder verkaufen lassen. Im September 1592 drängt er sie zu einer Stellungnahme; ihm bietet sich eine Möglichkeit, seine beiden braunen Pferde auf der Frankfurter Messe einem Handelsbevollmächtigten des Bischofs von Salzburg zu veräußern. Er trägt sich mit dem Gedanken, zwei junge *schöne graue Kuppelhengste* zu erstehen, wenn zwei von gleicher Färbung und Größe auf der Messe angeboten werden sollten. Er zögert aber, wie er schreibt, da er mit zwei neuen Pferden lieber dem Sommer als dem Winter entgegensehe. Magdalena rät vom Kauf der Grauen ab, wenn der Handel mit den Braunen nicht perfekt sei. Nicht nur vor den Kosten, zwei zusätzliche Pferde zu unterhalten, warnt sie, sondern auch vor einer anderen Gefahr: *Wenn Du vielleicht vier Rösser zusammenbrächtest, wird man Dir für die beiden Braunen desto weniger geben wollen. Doch steht es*

Dir zu; wie es Dir gefällt, so mir auch. Gelegentlich kritisiert Magdalena Balthasars Urteil in geschäftlichen Belangen auch direkt. Einmal schickt er ihr einen Vorhangstoff, den sie als schlechten Einkauf ansieht (**einer gar ungewöhnlichen Farb und gar untauglich vorzuhängen**). Sie schickt ihn ihm zurück, damit er ihn in Frankfurt wieder verkaufe und so den Verlust vermeide, den ein Verkauf in Nürnberg bedeuten würde. In milder Verbitterung weist sie ihn darauf hin, der Fehler hätte vermieden werden können, wenn er vorher ihren Rat gesucht hätte.

Magdalenas Geschick in persönlichen und Familienangelegenheiten war ebenso eindrucksvoll wie ihre Urteilskraft im Geschäftsleben. In einer Zeit der Pest in Nürnberg, im Jahre 1585, faßte sie Pläne, mit ihrem kleinen Sohn Balthasar sicherheitshalber ins benachbarte Altdorf zu ziehen. Andreas Imhoff bat sie, seine jungen Kinder Jörg und Marina mitzunehmen, da seine Frau nicht mit den Kindern gehen und ihn allein in Nürnberg zurücklassen mochte. Das stellte Magdalena vor erhebliche Probleme, denn sie mußte sich schon genug um den kleinen Balthasar kümmern, und ihre Unterkunft in Altdorf war bescheiden und nicht sehr gut zur Aufnahme zweier weiterer Kinder geeignet – schon gar nicht für den sehr lebhaften Jörg, der neun oder zehn war. Beseelt von dem Wunsch, ihre Freunde in Notzeiten nicht abzuweisen, aber auch unwillig, die Kontrolle über ihr eigenes Leben einzubüßen, konnte es Magdalena über ihren neuen Schwager Wilhelm Kress so einfädeln, daß sie nur Marina mitnehmen brauchte, der im Zimmer der Magd schnell ein Lager bereitet werden konnte. Jörg, so fürchtete sie, sei immer **vor dem Tor**. Als Balthasar von der Lösung erfuhr, lobte er sie, die Angelegenheit **mit Glimpf** geregelt zu haben.

Ein andermal bat Magdalena um Balthasars Hilfe, um den Heiratsverhandlungen zwischen ihrem Bruder Paulus und Hieronymus Paumgartners Tochter Rosina den Weg zu ebnen. Magdalena hielt die beiden für eine ideale Verbindung. Sie beschreibt Rosina als **recht für ihn, fein groß und** ſtark, wie er's wohl bedarf. Der alte Paumgartner aber, damals vielleicht der mächtigste Mann der Stadt, war zwar persönlich mit Paulus zufrieden, wünschte sich jedoch einen besseren Einblick in seine finanzielle Lage. Auch Balthasars Bruder Paulus wurde in die Erörterungen hineingezogen; er steuerte Informationen über ihren Zweig des Paumgartnerschen Stammbaumes bei. Magdalena bat Balthasar, er möge Paumgartner ein freundliches Brieflein schreiben und erinnern und daneben des Landguts halber. Sie hielt es ferner für eine gute Idee, wenn er Paumgartners neuem Schwiegersohn Joachim Kleewein Grüße übermittele, der gerade Paumgartners jüngere Tochter Clara geheiratet hatte, und ihm Glück wünsche.

Eine weitere Gelegenheit, ihre diplomatischen Fähigkeiten herauszustellen, bot Magdalena 1594 der Zug des Erzbischofs Wolfgang von Mainz durch Nürnberg. Der Kurfürst war mit sechshundert Reitern unterwegs zum Reichstag. Im Verein mit anderen Stadtvertretern hatte Magdalenas Bruder Paulus der Gesellschaft des Erzbischofs als politischen Würdenträgern das Gastrecht angetragen. Magdalenas Haus war anfangs als eine Unterkunft der Reisegesellschaft ausersehen worden, aber sie war entsetzt von der Aussicht, in Abwesenheit Balthasars Fremde in ihrem Heim zu beherbergen, und suchte von dieser Last entbunden zu werden – mit der Begründung, sie habe keinen Mann im Haus. Balthasar schreibt sie, wie erleichtert sie über die Befreiung gewesen sei, und mit Wendungen milder Schrecknis schildert sie ihm die Ankunft des Erzbischofs mit 242 Pferden und Reitern im Hause von Hans Welser. Ihr Erfolg, den er nun schon fast erwartet hatte, bereitete auch Balthasar Freude.

Magdalena nahm am kulturellen Leben Nürnbergs teil und wußte, was in der größeren politischen Welt außerhalb der Stadtmauern vor sich ging. Ihre Interessen und Aktivitäten gingen über den familiären und geschäftlichen Alltag weit hinaus. Sie hält Balthasar über die lokalen Begebenheiten auf dem laufenden: Feuersbrünste in der Stadt;

die Hinrichtung eines Obsthändlers und eines Barchentwebers wegen Sodomie; sogar einen Forellenfang, dessen Einzelheiten sie von Jakob Imhoff erfahren hat, teilt sie mit. Der Tod von Freunden, Bekannten und sogar von Fremden wird so pflichteifrig notiert, daß im wahrsten Sinne des Wortes ein gesonderter Nachrufteil in fast allen ihren Briefen erscheint. Sie übermittelt die neuesten Nachrichten von der Straßburger Bischofsfehde (1592–93) und beziffert nicht nur die Höhe der Verluste, sondern auch die Zahl der feindlichen Flaggen (nämlich drei), die der protestantische Oberbefehlshaber Herzog Christian von Anhalt erbeutet hat. Zwischen 1592 und 1594 enthalten ihre Briefe die Höhepunkte des Türkenkriegs in Ungarn, denn Nürnberg wurde zu einem Aufstellungsplatz für Truppen, die auf dem Weg zur Front waren.

Gelegentlich verkehrte Magdalena auch vertraut mit Angehörigen der geistigen und politischen Elite, und auch dabei hielt sie sich mit Kritik nicht zurück. Als Besucherin des Stiftungstags der Altdorfer Akademie erlebte sie die Einsetzung des in der Umgebung berühmten Gelehrten Johann Prätorius als Rektor, und dieses Ereignis fand sie so langweilig, daß sie versprach, beim nächsten Gründungstag mit Balthasar zu Hause zu bleiben. Als sie nach einer Hochzeitsfeier – offenbar für dessen Koch – in Altdorf mit einem Grafen speiste, mundete ihr das Essen nicht. *Wir haben so viele Gerichte und so wenig zu essen gehabt*, teilt sie Balthasar mit, *so gottsjämmerlich ist es gekocht gewesen auf ihre polnische Weise.*

Gleichauf mit den Imhoffs

Magdalena an Balthasar
am 9. Dezember 1591 aus Nürnberg

Ehrbarer, freundlicher, herzlieber Paumgartner!

Ich kann es nicht unterlassen, Dir alle acht Tage zu schreiben, wiewohl Du mir keine Ursache gibst. Denn nun hab ich in der dritten Woche keinen Brief von Dir gehabt; vielleicht kommt auch bis Samstag keiner, was mich kleinmütig genug machen wird. Und ich muß eben dem alten Sprichwort nachdenken: »aus den Augen, aus dem Sinn!« Dein Bruder sagt, daß Du sehr viel an Handelsbriefen schreibst; dessen muß ich entgelten, denk ich. Ich hab mir aber doch viel Nachdenkens darüber gemacht, ob Du vielleicht nicht wohlauf seist, aber er, der Jörg, gibt mir zu verstehen, Du schreibest so viel in den Schreibstuben. Ich hab ihn jedoch wohl ermahnt, daß ich letzlich hab glauben müssen, es geschehe aus keiner andern Ursache, als daß Du so viel zu tun hast. Er sagt auch, wie er in Deinem Schreiben wohl bemerke, daß Du Dich noch vor der Messe aus Lucca herausbegeben wirst, worüber ich mich von Herzen freue und mit Verlangen Dein Schreiben erwarte bis Samstag, da ich solches auch von Dir mit Freuden vernehmen möchte. Mit uns steht es - Gott sei Lob und Dank - noch im alten Wesen und bei guter Gesundheit; erhalte er uns beide noch weiterhin! Amen.

Dieses Schreiben, herzlieber Paumgartner, hat die Ursache in dem Buben, der mich immer, wenn ich Dir schreib, ermahnt, Dir auch zu schreiben, daß Du ihm ein Kleid mitbringst. So schick ich Dir mit diesem Schreiben gleich ein Maß, wie lang und weit das Wams und auch wie lang die Ärmel und wie das Gesäß sein muß. Ich hab's reichlich nach dem alten Bubensammet* gemessen, welches ihm am besten paßt, und hab auch noch etwas zugegeben. Du willst also nur etwas in Schwarz dazunehmen, damit er von zwei Farben etwas hat. Doch steht es an Dir, zu nehmen, was Dir gefällt.

Und der alte Bair liegt noch immer hingestreckt wie vor acht Tagen, daß man immerzu meint, er könne es nicht mehr drei oder vier Tage treiben. Man schneidet ihm jetzt alle Tage faules Fleisch aus der schädigenden Wunde und tut ihm dennoch nicht weh; er fragt auch nach niemandem mehr. So redet er nicht mehr, außer wenn ihn dürstet oder er etwas essen will, und er macht in allem eine sehr langweilige Zeit. Gott der Herr möge dem bald ein Ende machen!

Die Tobias Kastnerin hat Dich auch fleißig grüßen lassen. Sie

---

* Samt von Kamelhaar.

ist hier bei ihrer Mutter oben im dritten Stock im Lienhartschen Grundherrinnenhaus. Sie ist mit ihrer Mutter auf drei Tage hereingefahren, und da hat das Bluten angehoben zum Mund heraus, und sie ist so schwach, daß ich nicht weiß, ob sie es lange treiben wird. Ich besuch sie oft, denn zuvor hat sie bei uns einkehren sollen. Drei Wochen ist sie nun hier krank. Ich hab Sorge, wenn sie überhaupt heim [nach Engelthal] kommen kann, wird sie es nicht lange mehr treiben. Gott helfe überall!

Herzensschatz, ich bitt Dich, Du wollest auch meinen welschen Rock nicht vergessen, wie der Wilhelm Imhoff seinem Weib einen von Venedig mitgebracht hat, von der Art, die man für Pelze trägt. Und Du willst es mir nicht übelnehmen, daß ich Dir in meinem Schreiben immer etwas abbettele. Ich will Dich sonderlich bitten, wenn Du etwa einen oder zwei rote oder safranfarbene Atlasstoffe wohlfeil bekommen kannst, wollest Du etwas mitbringen. Ich verhoff, das Brustzeug soll unterwegs sein, weil Schwager Jörg sagt, es komme in einer Kisten ein Päckel an mich, dessen ich gar wohl bedarf.

Ich muß heute abermals zu Gast bei der alten Kleeweinin essen, die ihre neue Jungfrau Schwiegertochter heimlädt und sie fernerhin bei sich behält. Ebenso haben wir heute in acht Tagen des Bruders Paulus seinen Handschlag*; wollte Gott, Du könntest womöglich auch dabei sein. Nun, der allmächtige Gott bringe uns nach langwährender Zeit mit Freuden wieder zusammen, daß wir uns an allem ergötzen wollen mit Gottes Hilfe!

Ich weiß Dir sonst, freundlicher Herzensschatz, für diesmal ein mehreres nicht zu schreiben, als daß Du von mir zu vielen Malen freundlich und fleißig gegrüßt sein wollest in Dein treues Herz und Gott dem Herrn in Gnaden befohlen. Viele, viele lassen Dich grüßen, die ich nicht alle herschreiben könnte: die Gröserin, die Scheurlin, Herr [Hieronymus] Paumgartner – wir haben gestern bei ihm zum Handschlag zugesagt, er ist selbst bei uns gewesen und hat Dich grüßen lassen –, die Lochnerin, die Roemerin, Wilhelm Imhoff, Plauen er und sie: es wäre zu lang. So viele haben über die Wochen bei des Pfinzings Hochzeit [am 6. De-

---

* Verlobungsfeier.

zember] mit mir getanzt, haben Deiner im besten gedacht und gefragt, wann ich ein Schreiben von Dir gehabt. So hab ich aber gedruckst und gesagt, vor acht Tagen, wo es schon drei Wochen waren! Nun für diesmal nicht mehr!

Magdalena Balthasar Paumgartnerin,
D[eine] l[iebe] H[auswirtin]

Magdalena hörte nie auf, Balthasar ihre persönlichen Wünsche nach Lebensmitteln und Kleidung zu übermitteln. Mehr oder weniger regelmäßig bittet sie ihn um Zukker, Käse, Quitten, Zeller Nüsse (aus Zell in der Nähe von Würzburg), Birnen, Fenchel, Olivenöl, grüne Nüßlein und einen Schinken oder drei. Auch gute preiswerte Kräuselkragen aus weißem Leinen, die bei den Städterinnen sehr beliebt waren, hatten es ihr angetan; sie liebte Schürzen und andere Stücke aus Scharlach, Atlas, Samt und Damast.

Weiterhin begehrte Magdalena – meist vergebens – eine Reihe von Luxusartikeln. Dazu zählten holländische Tischteppiche, Messer mit Elfenbeingriffen, ein Handbekken aus Alabaster (nach dem Balthasar in Florenz und Venedig suchte) und zwei Unzen ungesponnenen (nicht aufgespulten) venezianischen Goldzwirns. Besondere Anfragen galten Seide aus Arles für ihre Garderobe. Einmal wollte sie sich ein seidenes Brustkleid fertigen, um ihr altes aus Damast zu ersetzen, das gar bös sei. Bei anderer Gelegenheit bestellt sie ausreichend Seide für mehrere neue Gewänder, denn ihre alten seien um die Arme so böse, daß ich's bei Tage nicht wohl tragen darf, und es gibt immer Gasterei. Als die Seide dann ankam, dankte sie überschwenglich: ist schön grob und glänzig.

Im Winter des Jahres 1591 ließ Magdalena Balthasar nach einem ganz bestimmten italienischen Pelzmantel Ausschau halten, wie der Wilhelm Imhoff seinem Weib einen von Venedig mitgebracht hat. Mit demselben Federstrich bittet sie Balthasar, nicht zu schlecht von ihr zu denken, daß ich Dir in meinem Schreiben immer etwas abbettele – und setzt sogleich eine Anfrage nach rotem und safranfarbenem Atlasstoff hinzu. Balthasar ließ sich den Mantel eigens von Michael Imhoff aus Venedig kommen. Nach Magdalenas Beschreibung meinte Balthasar, es handele sich bei dem Mantel um eine Neuheit, die er wohl noch niemals zu Gesicht bekommen habe. Wie es sich herausstellte, war es aber keine venezianische Neuheit, den in den Listen der Imhoffschen Lieferungen aus Venedig nach Nürnberg ließ sich nichts darüber finden. Balthasar vermutete, der Mantel stamme aus Augsburg, und gab Magdalena den Rat, eingehender nachzuforschen.

Magdalenas Eitelkeiten kamen im Sommer des Jahres 1584 auf reizende Weise zum Ausdruck, als sie mit dem kleinen Balthasar schwanger war. Damals bat sie Balthasar, ihr vier Ellen Damast zu schicken, damit sie sich ein knopfloses Kleid – wohl eine Art loses Hemd – fertigen könne. Obwohl sie, wie sie beteuert, ein solches Kleid nie gerne getragen habe, käme sie nun nicht mehr umhin, es zu tun. *Wenn ich ausgehe, kann ich nimmer mein Brustkleid hineintun; ich hab's herausgelassen, so weit ich konnte. Wenn ich nun ein wenig dicker werde, muß ich's unterdrücken, was ich nicht gern tue. Ich wollte mich eine Weile mit einem Röcklein zudecken.*

Wenn Balthasar sich Eitelkeiten hingab, dann in weitaus größerem Maßstab. Im Sommer des Jahres 1594 begab er sich auf eine private Einkaufstour. Zu seinen Erwerbungen zählte ein teures Stück blaugoldenen Damastes für eine Bettdecke samt Vorhang. Über seinen Kollegen Stephan Wacker erwarb er außerdem ein wenig abgenutztes blaues Bettzelt mit allem Zubehör, dabei auch schätzungsweise einhundert Ellen Damast – für 33 Kronen ein seltener Glücksgriff, wie er meinte. Was genau er damit anfangen wollte, ist nicht ganz klar; höchstwahrscheinlich wurde es zum Messestand umfunktioniert. Er ging zweifellos davon aus, es mit gutem Gewinn weiterverkaufen zu können. Das Kostbarste aber, was er sich selber gönnte, war ein neuer Mantel. Mit Blick auf den Winter entschied er sich, bei einem Nürnberger Kürschner einen *Wolfspelz* in Sonderfertigung mit schwarzem unbearbeitetem Kamelhaarfutter zu bestellen. Für den Mantel waren sechs bis sieben Wolfsfelle (*je nachdem, wie groß sie wären*) vonnöten, die Balthasar sich aus Polen kommen ließ, das die qualitativ besten Häute lieferte. Damals unterlagen der Nürnberger Luxusartikelgesetzgebung – die die gesellschaftliche Ordnung und Hierarchie gewährleisten sollten – wie manch andere äußere Prachtentfaltung auch die Kleidungsbräuche. In der städtischen Gesellschaft des sechzehnten Jahrhunderts galt Anmaßung in der Kleiderwahl als Brutstätte eines versteckten Aufrührergeistes. Wie ernst diese Überwachung der Kleidung genommen wurde, mag aus einer seit dem späten fünfzehnten Jahrhundert geltenden Forderung zu ersehen sein, nach der zur Wahrung der Schicklichkeit alle Männer der Stadt Mäntel und Umhänge zu tragen hatten, die mindestens um die Länge zweier Finger über die Hosenknopfleiste gingen. Auch die Anzahl und der Schnitt von Pelzen in einem Mantel war gesetzlich geregelt. Magdalena befolgte die Kleidungsregeln fast so penibel wie medizinische Anweisungen, und obwohl Wolfspelze nicht unter die solchen Beschränkungen unterliegenden Rauchwaren fielen, versicherte Balthasar ihr mit spitzer Zunge, **nicht aus Hochfahrt, sondern großer hoher Notdurft** sei er zu dieser außergewöhnlichen Ergänzung seiner Garderobe gezwungen.

Gleichberechtigung

MAGDALENA AN BALTHASAR
am 21. Januar 1585 aus Nürnberg

Ehrbarer, freundlicher und herzlieber Paumgartner.

Ich wünsch Dir von Gott dem Allmächtigen ein glückseliges, freudenreiches neues Jahr und was Dir an Seele und Leib nützlich und gut ist, und uns allen. Amen.

Freundlicher, herzlieber Paumgartner, wenn Du, wie mir der Veit [Pfaud] *sagt, in Leipzig wohl und gesund ankommen wirst, so* halte ich's nunmehr nach Verrichtung Deiner Sachen für gewonnen. Denn es ist eben heute, wo ich schreibe, fünf Wochen her. Der allmächtige Gott helfe uns mit Liebe und Freude wieder zusammen! Ich weiß mich, Gott dem Herrn sei Dank, mit Deinem Sohn und dem Hausgesinde noch in guter Gesundheit; Gott gebe das länger! Du lieber Paumgartner, ich hab Dein Schreiben von Braunschweig aus mit Herzensfreuden vernommen und verhoff, Du sollst nunmehr mit der Hilfe Gottes schier fertiggeworden sein. Ich hab den Veiten fragen lassen, und der entbot mir, so ich wolle, könne ich Dir nach Leipzig schreiben. So hab ich's nicht unterlassen können von wegen neuer Freud und wünsch Dir Glück zum neuen Schwager. Ich hab gleich gestern mit der alten Scheurlin gegessen, den zwei Scheurls und ihren Weibern, und da hat des Conrad Bairn Sohn das erste Mal mit Deiner Schwester gegessen. Sie hat also, während Du fort bist, ihren Stand verändert. Ich hab die Sorg, Du werdest zum Handschlag auch nicht kommen, der den Freitag vor Lichtmeß sein wird [2. Februar].

Du hast aber, herzlieber Paumgartner, ein Filzlein von der alten Scheurlin zu gewärtigen; die ist unwillig, daß Du ihr solches nicht recht angezeigt hast. Vor Deinem Verreisen ist die Heirat fast zu Ende gebracht gewesen durch Hieronymus Paumgartner und Deinen Vater. Der hat vermeint, Du habest es ihnen angezeigt, der Scheurlin und Deiner Helena, weil er Dir's geschrieben hat. Wär schon schier beschlossen gewesen, wenn er, der Bair, nicht bei einem guten Mut Deine Schwester ungefähr gefragt hätte, ob es auch ihr guter Wille wär, was zwischen beiden verhandelt wurde. Da ist sie erschrocken, hat von nichts gewußt, da hat er ihr auch alsbald zum neuen Jahr ein kleines Kettlein geschenkt. Als sie heimgekommen, sagte sie solches der Muhme Scheurl. Ihr war es noch fremder, und sie macht sich flugs auf und fährt hinaus mit der Helena zu Deinem Vater und erfährt die Sache erst richtig. Er wundert sich, daß Du ihnen auf sein Schreiben hin, wie er's Dir getan hat, solches nicht angezeigt hast. Es ist also bald alles beschlossen worden, und es sind auch ihre [der Scheurlin] zwei Söhne in Schlackenwalde gewesen. Gestern sind sie gekommen, eben recht, daß sie dem Bräutigam Gesellschaft leisten konnten. Hab Dir's ja schreiben müssen!

Weiter wisse, lieber Paumgartner, daß ich ein Fäßlein Wein abgelassen hab, wie Du mir's geschrieben hast. Ich weiß Dir sonst, herzlieber Schatz, auf diesmal nichts anderes zu schreiben, als daß jetzt schon vierzehn Tage sich die Fasnachter getummelt haben. Man hat's am Sonntag verboten; sie haben's zu dicht am Dreikönigstag angefangen.

Man legt auch heut, lieber Paumgartner, den Sigmund Oertel zu Grab, welcher gestorben ist.

Ich weiß Dir, herzallerliebster Schatz, auf diesmal nicht mehr zu schreiben. Gott helfe uns bald zusammen, daß wir uns genug mündlich bereden können. Ich bin jetzt am Werk und mach der Helena den Bräutigamskranz. Die Muhme verlegt und hält ihr den Handschlag ab, aber die Hochzeit will sie nicht verlegen*. Man darf's auch nicht begehren, weil sie ihr auch 1000 Gulden gibt.

Nicht mehr für diesmal, nur sei Gott dem Herrn befohlen und sei von mir vielhunderttausendmal freundlich und fleißig gegrüßt und dem lieben Gott befohlen. Und halt mir halt, mein herzlieber Schatz, für meine böse Schrift zugute: ich hab sehr geeilt.

                Magdalena Balthasar Paumgartnerin

Wenn Magdalena und Balthasar zu den Hochzeiten anderer Stellung nehmen, was häufig geschieht, werden ihre eigenen Werte in der Ehe deutlich. Sie verachten jedes Verhalten, das ihrer eigenen Praxis widerspricht, die Ehe als enge Partnerschaft zu betrachten. Keiner von den beiden war es gewohnt, vom anderen übervorteilt zu werden, und sie wußten, daß sie sich im Notfall immer aufeinander verlassen konnten. Eheliche Verbindungen, die Ungleichheit oder Unreife erkennen lassen, betrachten sie sehr kritisch.

Angeführt wurde ihre Liste zweifelhafter Heiraten von solchen mit großen Altersunterschieden – zwanzig Jahre oder mehr – zwischen dem älteren Mann und seiner jungen Frau. Als sie heirateten, war Balthasar zweiunddreißig und damit fünf Jahre älter als Magdalena; das erschien

---

* Verlegen = Geld vorlegen, bezahlen.

ihnen als sehr passender Abstand. Wie Magdalena trat auch Balthasar für die Witwe Flexner ein, die unter einem finsteren und älteren ersten Mann hatte leiden müssen, denn er wünschte ihr einen *schönen jungen, ihr angenehmen Gesellen und keinen alten mehr*. Magdalena teilte Balthasars unausgesprochene Kritik an großen Altersunterschieden im Fall eines anderen Opfers, dessen Klagen ihr über die Frau Gabriel Scheurls zu Gehör gekommen waren. Die betreffende Frau, eine Hamburgerin, war erst kurz zuvor einem italienischen Arzt verheiratet worden, der in Nürnberg lebte. Auf Siegfried Pfinzings Hochzeit saß sie neben Frau Scheurl am Tisch der Braut, und obwohl sie erst seit zwei Wochen in Nürnberg war, füllten die Klagen ihrer schlechten Behandlung das Ohr von Frau Scheurl: *hat gesagt, man habe ihr ihn im Alter von 42 Jahren gegeben, und er sei 70 Jahr. Nun, sie muß ihn behalten*, und diese Regelung will ihr *nicht halb* gefallen – ebensowenig wie Magdalena.

Balthasar und Magdalena konnten auch Verbindungen im jugendlichen Alter nicht billigen. Im Jahre 1534 hatte die Stadt Nürnberg das rechtmäßige Mindestalter für Heiraten ohne elterliche Zustimmung auf fünfundzwanzig für Männer und zweiundzwanzig für Frauen festgelegt. Mit Zustimmung der Eltern konnte eine Hochzeit theoretisch schon im kanonischen Alter von vierzehn (Männer) bzw. zwölf (Frauen) Jahren stattfinden, aber Heiraten in solch frühen Jahren waren äußerst selten. Als Balthasar im Jahre 1583 von der ins Auge gefaßten Verheiratung Hans Welsers, eines vermögenden Witwers mit vielen Kindern, und der jungen Nachbarin Maria Muffel hörte, war er wegen ihrer Jugend bestürzt. *Es wundert mich sehr*, so bekennt er, *daß sie so bald zu einer Mutter mit vielen Kindern werden soll*. Diese Anmerkung war richtig. Wenn man annimmt, Maria sei im März 1597 noch am Leben gewesen, so ist sie es, die Magdalenas Berichten zufolge Hans Welsers sechsundzwanzigstes Kind geboren hat. Magdalena zuckte zusammen, als sie erfuhr, die mit neun Kindern allein lebende und auf Unterstützung angewiesene Witwe Stockamer habe vor der ältesten ihre jüngste und, wie es scheint, begehrenswertere Tochter an Caspar Burckhard verheiratet. *Ich glaub, die Leut können nicht gescheit sein, wenn es so ein schöner Mensch ist,* schreibt sie Balthasar, und was ihre Meinung zu solchen Ehen ist, liegt auf der Hand.

Ebenso empfindlich reagierte Magdalena auf die eilige Wiederverheiratung von Witwen und Witwern, ein kleines gesellschaftliches Problem der Stadt. Im Jahre 1561 standen elf bis zwölf Prozent der Nürnberger Haushalte Witwen vor. Diejenigen, die mit einer nennenswerten Mitgift und eingeführten Geschäften aufwarten konnte, boten für Neuansiedler, die unbedingt das Bürgerrecht erwerben und geradewegs an die Spitze eines Handels- oder Gewerbebetriebs gelangen wollten, eine ansehnliche Partie. Personen mittleren oder fortgeschrittenen Alters, die lange an ein eheliches Zusammenleben gewöhnt waren, fielen im sechzehnten Jahrhundert, wenn sie über längere Zeit allein blieben, leicht der Kälte und dem Hunger anheim oder wurden wirr im Geiste. Sowohl Witwen als auch Witwer wußten die reine Nützlichkeit der Ehe zu schätzen und verheirateten sich begreiflicherweise schnellstens wieder. Daß solche raschen Wiederverheiratungen dennoch die Nürnberger Bürgerschaft mit Unruhe erfüllten, geht deutlich aus einem Rechtsdekret vom Dezember 1560 hervor. Rechtsgelehrte werden darin angehalten, Wege aufzutun, um Witwen »eine gewisse Wartezeit« aufzuzwingen und »überschnelle Neuheiraten« zu verhindern. Genau dieselbe Sprache wie der Rat spricht auch Magdalena, als sie 1584 einen Herrn Bosch kritisiert: er sei ein *leichtfertiger Mann,* daß er sich keine zehn Wochen nach dem Tod seiner Frau mit Felicitas Pömer verlobt habe. *Vergiß halt meiner einmal nicht so bald!* mahnt sie Balthasar; für sie ist die Wiederverheiratung ein Liebesverrat und Treuebruch.

Magdalena erfüllte es mit Zorn, wenn Hochzeiten ohne eine vorhergehende und gründliche Befragung der zukünftigen Braut in die Wege geleitet wurden, was zwar nicht ihr geschah, in Nürnberg aber durchaus keine unbekannte Verfahrensweise war. Üblicherweise wurde die zukünftige Braut am Abwägen der Vor- und Nachteile einer vorgeschlagenen Verbindung beteiligt, so daß ihr Einverständnis mit der Heirat lange, bevor sie stattfand, gesichert war. Nach der Beschreibung von William Smith geschah es in Nürnberg »oft«, daß eine zukünftige Braut von ihrer Heirat erfuhr, nachdem die Familie des zukünftigen Bräutigams mit der ihren die Verbindung ausgehandelt hatte – Smith hielt von dieser Praxis gar nichts. Magdalena wurde Zeuge eines solchen Spektakels, als ihre Schwägerin Helena Stephan Bair heiratete. Die Familienoberhäupter hatten die Heirat in die Wege geleitet, ohne Helena zu befragen, und sie wurde sogar noch im dunkeln gelassen, als die Besprechungen zu einer Einigung führten, da Balthasar und sein Vater sich nicht darüber verständigt hatten, wer ihr Mitteilung machen sollte. Erst durch einen Zufall erfuhr Helena von dem Plan, als der zukünftige Bräutigam sie bei einem Festmahl in aller Unschuld und Ungeduld fragte, ob sie von der Verbindung ebenso begeistert sei wie er. Helena hatte nichts davon erfahren und war erschrocken. Daraufhin suchten sie und ihre sogar noch aufgebrachtere Tante Scheurl unverzüglich ihren Vater auf, von dem die beiden erst einen vollständigen Bericht über die Heiratsplanungen bekamen. Die Bairs waren Freunde der Familie und auch Kunden, und Stephan war Helena daher bekannt. Gerade kurz zuvor hatte er ihr zu Neujahr in Erwartung der baldigen Hochzeitsankündigung ein kleines Halsband geschenkt: im Gegensatz zu Helena war er von Anfang an über die Heiratspläne in Kenntnis gesetzt worden. Das Problem für Helena war nicht die durch ihre Familie betriebene einseitige Unterwerfung unter das Joch eines unbekannten und unverlangten Lebensgefährten, sondern die mangelnde Gleichstellung mit dem Bräutigam bei der Entscheidung. Helena und die mitfühlende Magdalena lehnten die diskriminierende Prozedur ab, aber nicht die Verbindung als solche, die drei Monate später (am 9. März

1585) zu jedermanns Zufriedenheit geschlossen wurde. In Magdalenas eigenem Leben war die Absprache mit Balthasar in jeder wichtigen Angelegenheit eine Selbstverständlichkeit, und eine solche Gleichberechtigung der Partner sollte in ihren Augen auch schon den Beginn des Ehelebens bestimmen.

Magdalenas Stimmung sank nicht minder, wenn sie an Ehen mit unbeherrschten Männern dachte. Nachdem sie die Schmidmaier-Tuchersche Hochzeit besucht hat, die sie ausnahmsweise langweilig fand, berichtet sie, wie der lange Tag von des Bräutigams Unvermögen gekrönt wurde, mit seiner Frau die Hochzeitsnacht zu verbringen: er hatte sich *zu früh betrunken. Gott vergeb mir's, ich hätte ihr's wohl gegönnt*, seufzt Magdalena, als sie den *seltsamen* Fall einer bedauernswerten Frau schildert, die in ihrer Hochzeitsnacht allein am Tisch sitzen muß.

Magdalena pries bei Frauen die Unabhängigkeit und bei Männern das Feingefühl. Sie unterstützte die Frau von Jörg Bair, als sie ihre Ehre gegen das Gerücht verteidigte, der Ehemann sei nicht der Vater ihres Kindes, und die Quelle der Verleumdung mit Beharrlichkeit ausfindig machte. Als das erste Kind von Magdalenas Bruder Paulus im Jahre 1592 vier Wochen vor der Zeit zur Welt kam, schilderte sie Balthasar zu allererst, der ängstliche Vater habe sich *gar wohl gehalten*.

Magdalena und Balthasar hatten nichts als Verachtung für eheliche Verbindungen übrig, bei denen die Fähigkeiten und Verantwortlichkeiten der Partner sich nicht grundsätzlich die Waage hielten – Verbindungen, in denen der eine dem anderen über Gebühr zur Belastung werden konnte, in denen einer in gemeinsamen Belangen unabhängig vom anderen handelte oder in denen es einem der beiden Partner an der Reife fehlte, schlechte wie gute Zeiten zu meistern.

IV. ELTERN

Der kleine Balthasar

Magdalena an Balthasar
am 23. März 1588 aus Nürnberg

Ehrbarer, freundlicher, herzlieber Paumgartner!

Ich hab es nicht unterlassen können, Dir ein Brieflein zu schreiben, und verhoffe zu Gott, Du werdest wohl nächsten Donnerstag hin [nach Frankfurt] gekommen sein und nunmehr Deine Hände voll zu tun haben. Gott gebe, daß alles glücklich und wohl abgehe!

Wisse mich, Gott sei Lob und Dank, auch noch frisch und gesund; was den Balthasar anbelangt, so ist er noch so, wie Du ihn verlassen hast. Ich bin mit ihm beim Doktor gewesen, der mir sagt, er werde gewiß Druck [im Nacken] bekommen haben, etwa von der Amme, als ich ihn gehabt hab, und gewiß wäre oben ein Glied vor dem andern ausgewichen; das wär aber seither verwachsen, und er könnt ihm weiter nicht helfen, weil es hineingedrückt wär; höchstens daß er mir eine Salben geben wollt, was auch geschehen ist. Ich solle ihn früh und zur Nacht damit schmieren und auch einen Wulst in den Hals legen, daß der nicht zurückfallen könne. Ich sollte ihn in acht Tagen noch einmal schicken. Ich hab ihm für ein kleines Dingelchen Salbe zwei Gulden geben müssen. Gott gebe das Glück dazu! Er will sich von keinem Menschen nicht schmieren lassen außer der Köchin.

Weiter wisse, herzliebster Paumgartner, daß [Dein] Vater, die [Stief-]Mutter und Hans Albrecht von Montag bis Freitag hiergewesen sind. Hans Albrecht ist willens, wenn er zukünftige Woche wieder nach Wien hinabfährt, sich unterhalb von Wien zwei Meilen* hinter Linz mit einer Witwe zu verheiraten, eine vom Adel, die zwei Kinder hat. Gott gebe ihm Glück! Der Scheurl hat ihm kaum 20 französische Kronen zuwege bringen können, so zucker** sind sie bei der Messe. Er [Hans Albrecht] wär

---
* Eine Meile entspricht etwa acht Kilometern.
** Sparsam.

gern selber bei Dir [in Frankfurt] gewesen; er läßt hier Armbänder, eine Kette und drei Ringe machen. [Dein] Vater hat ihm von seinem [Vermögen] etwas gegeben. Gott gebe, das gerate wohl! Ich denk wohl, er werde Dir auch selbst schreiben.

Weiter bitte ich Dich, herzliebster Schatz, Du wollest uns drunten das Alte Testament kaufen mit Psalmen und Propheten, denn wir bedürfen seiner oft; Du mögest auch die Leinwand nicht vergessen, wenn Du ihrer bedarfst. Auch wollest Du uns ein paar Käs kaufen und des Balthasars Hütlein nicht vergessen. Er spricht alle Tage davon. Ich weiß Dir sonst für diesmal mehr nicht zu schreiben, herzliebster Schatz, als daß Du von mir freundlich und fleißig gegrüßt sein mögest und dem lieben Gott befohlen. Der helfe uns mit Gesundheit wieder zusammen!

      Magdalena Balthasar Paumgartnerin

Magdalena und Balthasar hatten ein Kind: einen Sohn. In einem Brief aus dem Juli 1584 schreibt Magdalena über ihre Schwangerschaft, nun sei *gottlob die halbe Zeit überwunden*, also muß der Junge im November oder Anfang Dezember desselben Jahres geboren worden sein. Zum ersten Mal wird er in ihren Briefen im Januar 1585 erwähnt, als sie Balthasar meldet: *Ich weiß (...) Deinen Sohn (...) noch in guter Gesundheit*. Von nun an enthält jeder Brief Neuigkeiten über den kleinen Balthasar, und mit den Jahren kommen auch gelegentlich *Briefe* von einigen Zeilen Länge, die der Junge selbst geschrieben hat. *Mit diesem Schreiben kommt ein Brief von Deinem Sohn*, kündigt Magdalena in einem Brief vom März 1588 an; *er hat Dir auch schreiben wollen*. Normalerweise reicht Magdalena die Nachrichten des kleinen Balthasar an seinen Vater wortwörtlich oder in eigenen Formulierungen weiter. Immer übermitteln sie einen besonderen Wunsch, künden stolz von einem neuen Besitztum oder zumindest von dem Streben nach einem ansehnlichen Ziel.

Für den kleinen Balthasar war der Vater ein Mann von fast wunderhaften Fähigkeiten. Über eine Zeitspanne von drei Jahren bettelte er mit wechselndem Erfolg um solche Dinge wie Sellerie, Strümpfe in vielen Farben, Geldbeutel, Sporenstiefel, Kleidung, einen italienischen Kronenhut und besonders jammervoll um ein Pferd. Der kleine Balthasar kannte seinen Vater auch als einen Mann, der seinen Mitmenschen fast soviel abverlangte, wie er selbst zu geben imstande war – als einen Mann, der andere erfreuen konnte, aber selber auch erfreut werden wollte. Der Junge bedrängte deswegen beständig seine Mutter, den Vater über seine Fortschritte im Schreiben und Musizieren auf dem laufenden zu halten und ihm immer wieder zu versichern, daß der Sohn sich gut betrage und eifrig mühe.

Die Wünsche des Kindes lassen tief in das Gefühlsleben der Familie hineinblicken. Magdalena ist zugleich Wächter und Anwalt für ihren Sohn; sie erinnert den abwesenden Vater daran, daß der Junge Aufmerksamkeit, Ermunterung und Lob von väterlicher Seite verdiene. Nie kommt ihr eine abfällige Bemerkung über die Lippen. Sie kann – oft im Gegensatz zu ihrem Mann – die Empfindlichkeit des Jungen nachfühlen, wenn der Vater einen seiner Wünsche ignoriert oder rundweg ablehnt. *Du mußt dem Balthasar (...) ein samtenes Beutelein machen lassen*, drängt sie, *er spricht alle Nächte davon, daß Du's mitbringst. Der Balthasar läßt Dich fleißig grüßen; er hat mir befohlen, ich soll Dir schreiben, daß Du ihm ein paar rote Strümpf und einen Beutel mitbringst. Der Balthasar will nur Stiefel und Sporen haben, wenn man ihn fragt, was Du ihm mitbringen sollst. Du wolltest also zusehen, was Du ihm etwa mitzubringen kaufest. Du möchtest wohl sagen: »weißt Du nichts mehr?«*, schreibt Magdalena amüsiert am Ende einer Liste ihrer eigenen Wünsche. *So kommt nun aber der Balthasar und will zwei Paar Strümpfe haben, besonders eines, sagt er, wie es die Studenten von Altdorf tragen. Damit meint er ein leibfarbenes oder safranfarbenes. Du magst dennoch tun, was Du willst.* Ein andermal berichtet Magdalena, sie schreibe ihren Brief als Reaktion auf das Drängen des Kleinen, *der mich immer ermahnt*, den Vater zum Mitbringen neuer Kleider anzuhalten.

Sowohl der Vater als auch sein Sohn erteilen Magdalena ›Befehle‹ und ›Ermahnungen‹, während sie ›Bitten‹ vorbringt. Ihre ›Bitten‹ sind allerdings wohlkalkuliert und ihre Unterwerfungsformeln gekünstelt. Trotz gelgentlicher Enttäuschungen ist sie, alles in allem genommen, in jeder Hinsicht genauso erfolgreich wie ihre Männer, wenn es darum geht, sich durchzusetzen. Ihrer eigenen festen Überzeugung nach – und darin mochte Balthasar ihr eilfertig beipflichten – war ihr Leben spürbar glücklicher als seines und gewährte ihr ein höheres Maß an Selbstverwirklichung. Magdalena verschrieb sich ganz der Ausbildung und Anleitung des kleinen Balthasar. Anfang 1590, als der Junge vor der Vollendung des sechsten Lebensjahres steht und soweit ist, daß er regulär eingeschult werden kann, schreibt sie Balthasar, er solle nach seiner Rückkehr aus Frankfurt mit dem Schulmeister über die Aufnahme in eine Lateinschule reden, **damit er ein feiner Schreiber wird. Er ist böslich zum Lernen zu bringen, und der Stall tut ihm viel zuleide.**

Im Juli 1591 begannen für Balthasar private Musikstunden, die er jeden Tag nach der Schule besuchte. Seine Mutter beschreibt die Stunden als viermonatigen Versuch mit dem Ziel, das Maß seiner Begabung herauszufinden. Soweit man sehe, berichtet sie, seien die Ergebnisse ausgezeichnet. Pflichteifrig geht Balthasar allabendlich in die Musikstunde, und er findet Gefallen daran. Von seinem Lehrer hat Magdalena sich sagen lassen, nie habe einer seiner Schüler die Grundlagen so schnell begriffen. **Und der Balthasar kommt gleich und sagt: »Mutter, schreib dem Vater, daß ich schon einen Tanz auf dem Instrument schlagen kann. Sag, ich hab ihn fleißig grüßen lassen.«** Magdalenas Weihnachtsbrief des Jahres 1591 lagen zwei Proben von Balthasars Schreibkunst bei. Sie seien verfertigt, **so gut er's jetzt kann**, schreibt sie mehr verständnisvoll als stolz; **nimm es eine Weile als Probe an.** Sein Pensum beschreibt sie als ein durchaus tagesfüllendes: zuerst das Lateinpauken, gefolgt von den Musikstunden, und schließlich Schreibübungen bis tief in den Abend.

Balthasars Reaktion auf die Geschenkbitten seines Sohnes lassen sich am treffendsten als erzieherisch verstehen. Nicht, daß er jemals willentlich sorg- oder lieblos erschiene – gelegentlich konnte er den kleinen Balthasar sogar mit einem besonderen Präsent überraschen. So beauftragte er beispielsweise den Frankfurter Hutmacher Wirschhauser, dem fünfjährigen Jungen ein kleines sauberes Hütlein von Filz anzufertigen. Auf Bitten Balthasars hatte Magdalena ein Schnurmaß vom Kopf des Jungen und Futtermaterial für den Hut nach Frankfurt geschickt; die Anfertigung wurde so ein Unternehmen in Gemeinschaftsarbeit der beiden Eheleute. Nach seiner eigenen Regel handhabte Balthasar Geschenke aber streng als Ansporn zu gutem Benehmen; mit ihnen zwang er dem Jungen Wohlverhalten auf. Sag nur dem Balthaslein, daß er eine Weile fromm sein soll, weil ich ihm sonst nichts mitbringen werde; ich werde, wenn er bös ist, den schönen samtenen Beutel, die zwei Paar Schuh und das rotgestrickte Paar Strümpf einem andern, frömmern Büblein geben. Ich will gedenken, dem Balthasar auch die begehrten Studentenstrümpf mitzubringen, wenn er fromm ist – sonst aber nicht. Zweimal drohte er dem Jungen mit der Rute, und bei einer dieser Gelegenheiten beschwor er sogar das Schreckgespenst herauf, den Jungen von sich zu weisen: Dem Balthasar sage, daß er eine Weile fromm sei, denn wenn ich vernehm, daß er bös gewesen ist, werde ich ihm nichts anderes als eine gute starke Gerte mitbringen und dann beim nächsten Mal zum Schulmeister in die Kost geben. Balthasar machte seinem Sohn auch deutlich, daß die Umgangsweise nach seiner Rückkehr von seinem Betragen während der Abwesenheit des Vaters abhing. Dem Balthaslein sag, daß er eine Weile fromm sei – sonst werden wir, wenn ich heimkomme, miteinander abrechnen, erklärt er mit dem kühlen Ton eines Kaufmanns, der seinen Kunden zur Zahlung auffordert. Oder sogar noch strenger: Dem Balthaslein wollest Du sagen, er möge wohl fromm sein und flugs lernen, denn sonst will ich mit ihm nicht eins bleiben und ihm auch nichts mitbringen.

Magdalena sorgte sich begreiflicherweise, Balthasar

spiele zu unbekümmert mit den Gefühlen des Jungen und habe keine Vorstellung davon, welch grausamen Eindruck seine Worte und Taten im Seelenleben seines Sohnes hinterlassen könnten. Als Neujahrsgeschenk des Jahres 1592 hatte sich der kleine Balthasar von ganzem Herzen einen italienischen Kronhut gewünscht. Magdalena avisierte Balthasar – er war gerade in Lucca – schon Mitte November den brennenden Wunsch des Jungen, der, wie sie versprach, selber einen Brief zu diesem Thema schreiben wolle. Tatsächlich legte sie diesem Brief schon ein anrührendes Gesuch ihres Sohnes bei. *Lieber Vater*, schreibt der kleine Balthasar, *ich bitt Dich, Du wollest mir eine welsche Krone zum neuen Jahr herausschicken; ich will gar fromm sein und Gott fleißig für Dich bitten*. Der Brief ist unterschrieben: *Balthaslein Paumgartner D[ein] l[ieber] S[ohn]*. Sein Vater hatte beschlossen, dieses besondere Geschenk als Ansporn für gutes Benehmen zurückzulegen. Sein Neujahrsbrief des Jahres 1592 enthält eine entsprechende Botschaft: *Dem Balthaslein sag, wenn ich nach Haus komme und höre, daß er eine Weile fromm gewesen sei und flugs gelernt habe, so wolle ich ihm sein Neujahrsgeschenk selber geben*.

Das Zurückhalten der Krone durch den Vater war für das Kind niederschmetternd und für die Mutter empörend:

Nur das Balthaslein hat eine vergebene Freud gehabt, denn wir haben ihn immer vertröstet, Du würdest ihm auf den Neujahrstag, wenn die Briefe kommen, eine welsche Krone zum neuen Jahr schicken. Da dem aber nicht so war, wurde er in seinem Sinn gar kleinlaut. Ich selbst vermeinte, Du würdest wohl sein Neujahrsgeschenk nicht vergessen haben, denn eine große Freud hättest Du ihm damit gemacht. Es kann aber noch geschehen mit dem nächsten Briefe. Ich bitt aber, herzlieber Paumgartner, Du wollest von nun an immer in meine Briefe sehen, daß Du auch nichts nicht vergissest.

Ein solcher Ärger zwischen Magdalena und Balthasar ist sehr ungewöhnlich, und diese Episode fällt aus dem gesamten Briefwechsel heraus. Grundsätzlich arbeiteten sie bei Entscheidungen, die die Kindererziehung betrafen, zusammen, wenn auch Magdalena in den frühesten Jahren deutlich die Initiative ergriff. Wenn sie verschiedener Meinung waren, neigten sie zum Kompromiß – allerdings zu Bedingungen, die den Vater begünstigten. Im Dezember 1591 waren sie uneinig über eine Jacke für den kleinen Balthasar. Sein Vater hatte sich Gedanken über eine teure safranfarbene Damastjacke gemacht, die Magdalena mit Blick auf die Nürnberger Luxusartikelgesetze als zu kostspielig ansah – sie fürchtete, ihnen könnten Extravaganz und Protzerei vorgeworfen werden. Statt dessen bevorzugte sie eine schwarze Jacke, zumal Balthasars zwei vorangegangene Jacken bunt gewesen waren. **Doch steht es an Dir**, so erkennt sie pflichtbewußt an, **zu nehmen, was Dir gefällt**. Am Ende wählte Balthasar für seinen Sohn eine weiße Jacke und berücksichtigte Magdalenas Sorgen nur sehr oberflächlich. **Dem Balthaslein hab ich nun von den Resten, die ich wohlfeil gekauft hab, ein weißes, ich sag weißes Atlaswams gewählt, aber von schlechtem Atlasstoff.** Ein dazu passendes Paar safranfarbener italienischer Ballonhosen aus Damaststoff vervollständigte erst den neuen Anzug des Jungen, und alles zusammen versprach Balthasar mitzubringen, wenn sein Sohn **eine Weile fromm ist und flugs lernet**.

Im sechzehnten Jahrhundert grassierte eine hohe Säuglings- und Kindersterblichkeit: vielleicht ein Drittel aller Kinder starb vor Vollendung des zwölften Lebensjahres. Auch dem kleinen Balthasar blieb sein Teil an Kinderkrankheiten und Seuchen nicht erspart. In den allerersten Jahren machten geschwollene Augen ihn oft **wunderlich**, was wohl die Folge einer Bindehautentzündung oder blockierter Tränenkanäle war, und hinzu kamen chronische Erkältung und Husten. Im März 1588, als er etwa vier Jahre alt war, diagnostizierte ihm ein Arzt einen **Druck**, d.h. eine Mißbildung im Genick, und das führte zu einer Steifheit, die die normalen Bewegungsabläufe verhinderte. Magdalena und der Arzt gaben für diese Behinderung einer

Amme die Schuld, die das Kind in seinen ersten Lebenswochen nicht fachgerecht gewickelt haben sollte. Der Arzt verschrieb eine Salbe, die morgens und abends auf die in Mitleidenschaft gezogene Körperpartie aufgetragen werden mußte. Nach den Worten Magdalenas verweigerte der kleine Balthasar, der auf diese Weise die nicht ungewöhnliche Launenhaftigkeit eines Vierjährigen demonstrierte, jedem Menschen außer der Köchin die Anwendung des Arzneimittels. Das Einreiben mit der Salbe erwies sich als sehr wirkungsvoll, und nach zweiwöchiger Behandlung konnte Magdalena von einer Bessserung berichten: der Junge könne sich nun *besser bücken*. Die volle Wiederherstellung der Beweglichkeit sollte aber, wie der Arzt meinte, ein ganzes Jahr dieser Behandlung brauchen.

Am 1. April 1589 schrieb Magdalena an Balthasar, *der kleine Schalk* werde seit zehn Tagen von einem solch kräftigen und tiefen Husten geplagt, daß ihm regelmäßig das Blut aus Mund und Nase schieße; dieses Übel plage zu der Zeit viele Kinder und alte Leute in Nürnberg. Ein Jahr später bekam der kleine Balthasar Spulwürmer, wovon er – nach Magdalenas Zählung – mehr als dreihundert ausschied. *Das weiße böhmische Bier ist seine Labung*, berichtet sie seinem Vater, und sie betet, es möge sich ein effektives Abführmittel finden lassen, *das ihm den Schleim vom Herzen treibt und aus dem Magen. Wir müssen also, wie ich gesagt hab, in Deiner Abwesenheit immer ein Kreuz oder zwei tragen*. Später mischte ihr Arzt, der den kleinen Jungen alle zwei Tage besuchte (Magdalena hatte sogar auf tägliche Besuche gedrängt), ein Spezialpulver zusammen, mit dessen Hilfe alle Würmer ausgetrieben und schließlich auch das hohe Fieber gesenkt werden konnte.

Das Elterndasein im Europa der frühen Neuzeit bedeutete unablässige Wachsamkeit und Sorge. Besonders umsichtig achtete Magdalena auf Anzeichen von Müdigkeit bei ihrem Sohn, die meist ein sicheres Indiz für eine beginnende Krankheit waren. Wenn es solche Anzeichen gab, hielt sie Balthasar im Haus und *nicht in der Luft. Es ist* ihm wohl zufrieden, daß er noch nicht in die Schule darf, versichert sie seinem Vater im Dezember des Jahres 1591, als der Junge so sehr ausgeschlagen ist, daß sie sich in die Zeit seiner Masernerkrankung zurückversetzt fühlt.

Im Februar des Jahres 1592 wurde der kleine Balthasar von Würmern und Wassersucht schwer heimgesucht, beides Leiden, die er zwei Jahre zuvor überwunden hatte. An Balthasar, der gerade in Augsburg weilt, schreibt Magdalena, daß *mich so herzlich nach Dir verlangt in meinem Kreuz, das Gott uns abermals auferlegt hat mit dem Balthaslein*. Der Bauch des Jungen ist so aufgedunsen, daß er Tag und Nacht schreit und kein Wasser lassen kann. Abführmittel sind dreimal angewandt worden, haben aber zu keinem Erfolg geführt, da der Patient sie nicht halten kann. Schließlich rührt Dr. Weber, einer von mindestens zwei hinzugezogenen Ärzten, ein geschmacksneutrales Pulver an, das der Junge erfolgreich schlucken kann. Bald scheidet er in vier Stühlen *bei 500 Würmer* aus. Die Infektion im Magen weicht aber nicht, obwohl jedes bekannte Mittel versucht wird – dazu zählt auch, daß der Patient *sein altes Wasser* trinken muß, also wohl seinen eigenen Urin. *Der allmächtige Gott, der gebe uns noch seine göttliche Gnade*, fleht Magdalena, als sie die Ratlosigkeit auf seiten der Ärzte schildert, wie sie die Schwellung zum Abklingen und den Jungen zum Urinieren bringen sollen. Schließlich setzen sie ihre Hoffnung in Klistiere, Heilkräuter und Bauchpflaster, aber keines dieser Mittel lindert die Schmerzen des Jungen. *Der ewige Gott gebe seine Gnade noch dazu, daß [die Schwellung] abnehme vor Deiner Heimkunft*, schreibt Magdalena an Balthasar – doch es sollte nicht sein.

Ich wollt Dir lieber was besseres schreiben, aber ich kann es diesmal nicht. Ich schreib Dir jetzt in der Nacht, weil ich sonst bei ihm wache in der Stuben. Dein Vater ist gleichfalls auch nicht wohlauf geworden. (...) Ich bin durchaus entschlossen gewesen, mit [Deines] Vaters drei Pferden eingespannt Dir entgegenzufahren, den Christoph Behaim und Deinen Bruder Paulus als zwei

Mann bei mir, damit ich auch Augsburg sehe. (...) So kommt unser Herr Gott und greift uns an, daß ich Augsburgs vergesse. Gott verhelfe uns bald wieder zur Freude! Amen.

Bis zum März hatte sich der Zustand des Kindes so weit verschlechtert, daß Magdalena Balthasar drängte, sofort heimzukehren, wofür er sogleich Anstalten traf. So schläft er viel Tag und Nacht, schreibt sie, aber es ist doch nur noch kleine Hoffnung dabei, gesund zu werden, nur daß er sich fristet. Der barmherzige Gott erbarm sich über ihn und uns und helfe nach seinem göttlichen Willen!

Sein Vater war während der ganzen Krankheit nicht aus den Gedanken des kleinen Balthasar verschwunden. Ein Jahr lang hatte der Junge seinen Vater, bevor die Krankheit ausbrach, immer angebettelt, er möge ihm ein Pferd mitbringen – zuerst ein ausgestopftes oder ein Spielzeugpferd, schließlich aber ein richtiges. Im März 1591 schrieb er:

Lieber Vater. Ich hör's gern, daß Du gesund [in Frankfurt] angekommen bist, und bitt Dich, Du wollest mir ein kleines Pferdlein mitbringen. Frag nur den Meringer [wohl ein Händler], wo man's kauft: mit Kalbshaut überzogen. Und zwei Paar Strümpf, ein leibfarbenes und ein schwarzes Paar. Ich will gar fromm sein und flugs lernen. Und nimm's mit der Schrift nicht für ungut; ich will's bald besser lernen.

Magdalena unterstützte den Wunsch ihres Sohnes nach einem Pferdchen bereitwillig und wies Balthasar nachdrücklich auf die hochgeschraubten Erwartungen seines Kindes hin. Du wollest bitte den Meringer fragen, schreibt sie im September 1591, der weiß, wo man Pferde hat, die mit Geißhaut überzogen sind. Der Bub spricht nur immer von einem Pferd, meint aber ein kleines lebendiges. So wollest Du ihm ein solches dafür kaufen. In ihrem Weihnachtsbrief des Jahres 1591 berichtet sie, Balthasar habe auf sein Zeichenpapier ein lebendigs Pferd (...) gesetzt in ein rechtes Wirrwarr, und sie warnt Balthasar, der Junge werde seinen Wunsch bald direkt auf ein großes Pferd ausdehnen. Die Krankheit, die im Februar 1592 dazwischenkam, konnte das Verlangen des kleinen Balthasar nach einem eigenen Pferd nicht ersticken. Magdalena schildert, wie der Junge dabei bleibt, obwohl er an das Bett gefesselt und fast zu allem unfähig ist: als ich ihm sagte, daß ich Dir schreiben wolle, sagt er: »heiß ihn, mir's lebendige Pferd mitzubringen.«

Das waren die letzten Worte, die Balthasar von seinem Sohn zu hören bekommen sollte. Drei Tage später erhielt er von Magdalena die Nachricht seines Todes:

Dein Schreiben ist mir (...) wohl zugekommen heute, am Mittwoch, wiewohl ich darauf am Montag mit Verlangen gewartet hab in meiner Trübsal, da es Gott so bald hat enden lassen. Nachdem ich Dir am Donnerstag geschrieben, hat er eine sehr böse Nacht gehabt, in der ich nicht von ihm gewichen bin; auch in der nächsten Nacht nicht, da das Rasseln im Hals bei ihm angefangen hat und gewährt bis Samstagmittag, und er hat doch immer geredet, aber er war nicht wohl zu verstehen. Zuletzt eine Stunde nach Mittag hat er aufzustehen begehrt. Als wir aber gesehen, daß er zu schwach gewesen, haben wir ihn aufgerückt. Alsbald ist er in die letzten Züglein gefallen, das hat eine Viertelstund gewährt, und schon ist er verschieden. Daß ihn Gott tröste, bis wir auch zu ihm kommen!

Magdalena ließ den Körper unverzüglich öffnen, und wie sie Balthasar hinterher schrieb, fand der Chirurg die Leber und die Nieren so ungeheuerlich vergrößert, daß die Ärzte sich wunderten, wie der Junge nur so lange noch habe am Leben bleiben können.

Was blieb den Eltern nun noch? Magdalena, die das tragische Ende eines so bestimmenden Lebensinhalts mit ansehen mußte, öffnet Balthasar ihr Herz:

Ich muß also dessen gedenken: so kurz wir ihn gehabt haben, ist er doch nicht unser gewesen, und wir haben leider eine vergebliche Freud gehabt. Ich muß mich demnach nur mit Gott zufrieden geben, wenn mir auch leider mehr nicht davon bleibt, als Schwächung, ein böser Kopf und böse Augen. Ich muß mir's ausschlagen, so gut es mir nur möglich ist. Desgleichen wollest Du auch tun, herzliebster Schatz, und Dir's aus dem Sinn schlagen und geduldig sein. Vielleicht erbarmet Gott sich unserer wieder und ergötzt uns wieder, nachdem er uns heimgesuchet hat. Mich deucht nun, wenn Du hier wärst, daß ich all mein Leid desto eher vergessen wollt! Mir ist jetzt ein Tag so lang, wie vorher drei. Ich will mich dessen bei Dir versehen, Du werdest Dich vor dem Geleitzug aufmachen, wenn es möglich ist. Ich trage nur den Zweifel an Dir, wenn Du aus Vetter Paulus Scheurls Schreiben und auch diesem hier den leidigen Fall vernommen hast, werdest Du nicht mehr gedenken, vor dem Geleitzug zu kommen. Ich will mich aber vor Dir des Besten versehen. Gott helfe uns mit Freuden und ohne weiteren Zufall wieder zusammen! Wie ich denn aus Deinem Schreiben vernommen hab, daß Dir Gott der Herr wohl hingeholfen hab, so verleihe der Euch eine gute Messe! Sonst hab ich ihn ehrlich zu Erden bestatten lassen als eine andere Leiche, an der kein Menschenleid mehr gewesen ist. Und man hat ihn zu früh hinter den Chorleuten hinausgetragen mit dem ganzen Chor und zu früh die Glocken geläutet.

Zum Abschluß hielt Magdalena Balthasar an, er solle auf der Heimreise Ablaßwein kaufen, denn wir haben jetzt einen gar zu starken Wein, um ihn alle Tag zu trinken. Diese Bitte war keine ungewöhnliche; da ihr Weinvorrat alterte und säuerte, bat sie gewohnheitsmäßig um neuen. Ob sie den tieferen Sinn dieser Bitte bei dieser Gelegenheit verstanden hat? Oder hatte sie in ihrem Gram keinen Blick dafür?

In Loco Parentis:
Madela Behaim und Jörg Imhoff

Magdalena an Balthasar
am 6. Juni 1594 aus Nürnberg

Ehrbarer, freundlicher, herzliebster Paumgartner.

Vor vierzehn Tagen schrieb ich Dir; seither hab ich Dein anderes Schreiben auch wohl empfangen und daraus vernommen, daß Du angefangen hast, Dich zu purgieren – denn je eher, desto besser! Du wirst dennoch ins heiße Wetter gekommen sein; Gott der Herr gebe dazu fernerhin seinen göttlichen Segen! Du wirst Dich nunmehr auch alle Tage ins Bad zu schicken haben; Gott gebe, daß Dir's wohl diene! Gottlob hat das Aderlassen am Arm mir auch gar recht getan, denn mein Fluß in der Achsel, über den ich lange geklagt, ist nunmehr vergangen – Gott sei Lob und Dank!

Vor acht Tagen hatt ich im Sinn, Dir zu schreiben, da kommt Bruder Friedrich von ungefähr herein und wollte, ich sollt mit ihm wieder hinausfahren, denn seine Kleinen wären von den Flecken* wieder gar wohlauf. So tat ich's gleich und bin fünf Tage draußen gewesen. Unter den Kindern ist mir gottlob die Weile kurz gewesen, und ich nahm alsdann die kleine Madela**, die ein Jahr und vier Monate alt ist, und führte sie mit mir heim. Da hatten wir alle Kurzweil mit ihr; sie ist so possierlich, läuft wie ein Affe im Wagen herum. Ich hoffe, sie soll wohl bald allein laufen, in einem Monat oder zweien.

(...) Am Sonntag ist auch der junge Andreas Imhoff von Augsburg wiedergekommen. Ich weiß nicht, wann der [Paulus] Praun einmal [von Italien] herkommt, daß einmal unser Wagen gemacht wird.

---

* Der Ausdruck »Flecken« könnte eher an Pocken als an Masern denken lassen, meint aber allgemein Pusteln, Verfärbungen oder Unregelmäßigkeiten auf der Haut, sei es mit oder ohne Fieber. Meistens handelt es sich um Masern. Drei Wochen zuvor hatte Magdalena die kleine Madela zu sich nach Haus nehmen wollen, aber zu der Zeit lagen alle Kinder Friedrichs mit Masern im Bett.
** Kurzform von Magdalena.

Heute früh haben die Niederländer* im Geschäft auch wieder die Tücher verkauft. [Paulus] Scheurl und Jörg, Dein Bruder, sind dagewesen; sie haben schon zuvor ein Stück herausgenommen zum Färben. Scheurl sagt, die Elle kommt um 16 Batzen**. Ich hab dem Gewandschneider 16 Batzen für die Elle geben müssen; ich hab fünf Ellen für eine Zusseke*** genommen. Wenn ich eher gewußt hätt, daß sie [= Paulus und Jörg] was nehmen würden, hätt ich's bleiben lassen: es ist nun schon geschehen.

Mit [Deinem] Vater steht es noch im alten Wesen. Ich weiß nicht, was sie noch tun werden; nur will der Vater selbst herkommen zum Laurentiustag. So kann der Paumgartner das Haus nicht räumen, und es kann keiner überkommen. Ich weiß immer noch nicht, wie es weitergeht.

Sonst weiß ich Dir, freundlicher, herzlieber Paumgartner, an Neuigkeiten nicht viel anderes, als daß der Bernhard Kötzler ein Bräutigam ist mit der Brechtelin. Es wird Herr [Hieronymus] Kress gewiß noch fortgehen nach Ungarn [in den Türkenkrieg] in vierzehn Tagen. Er ist eine Woche und drei [Tage] auf dem Reichstag gewesen, und dort ist es ihm bestätigt worden. Gott helfe, daß es ihm und seinen kleinen Kindern zum besten gereiche.

Und ich weiß Dir, freundlicher, herzliebster Schatz, für diesmal mehr nicht zu schreiben, als daß Du von mir viele, viele Male fleißig und freundlich gegrüßt sein sollest in Dein Herzensherz und Gott dem Herrn in Gnade befohlen.

Magdalena Balthasar Paumgartnerin D[ein] l[liebes] M[agdel]

BALTHASAR AN MAGDALENA
am 20. Juli 1594 aus Lucca

Ehrbare und freundliche, herzliebe Magdel.

Heute vor acht Tagen schrieb ich Dir zuletzt, mitgesandt war eine Viertelunze saflorfarbener Seide [Zwirn]. Danach hab ich Dein Schreiben vom 20. Juni wohl empfangen und daraus Dein

---

* Holländische Tuchmacher, die in Nürnberg lebten.
** 14 Pfennige machten einen Batzen.
*** Ein weiter Frauenmantel.

Heute früh haben die Niederländer* im Geschäft auch wieder die Tücher verkauft. [Paulus] Scheurl und Jörg, Dein Bruder, sind dagewesen; sie haben schon zuvor ein Stück herausgenommen zum Färben. Scheurl sagt, die Elle kommt um 16 Batzen**. Ich hab dem Gewandschneider 16 Batzen für die Elle geben müssen; ich hab fünf Ellen für eine Husseke*** genommen. Wenn ich eher gewußt hätt, daß sie [= Paulus und Jörg] was nehmen würden, hätt ich's bleiben lassen: es ist nun schon geschehen.

Mit [Deinem] Vater steht es noch im alten Wesen. Ich weiß nicht, was sie noch tun werden; nur will der Vater selbst herkommen zum Laurentiustag. So kann der Paumgartner das Haus nicht räumen, und es kann keiner überkommen. Ich weiß immer noch nicht, wie es weitergeht.

Sonst weiß ich Dir, freundlicher, herzlieber Paumgartner, an Neuigkeiten nicht viel anderes, als daß der Bernhard Kötzler ein Bräutigam ist mit der Brechtelin. Es wird Herr [Hieronymus] Kress gewiß noch fortgehen nach Ungarn [in den Türkenkrieg] in vierzehn Tagen. Er ist eine Woche und drei [Tage] auf dem Reichstag gewesen, und dort ist es ihm bestätigt worden. Gott helfe, daß es ihm und seinen kleinen Kindern zum besten gereiche.

Und ich weiß Dir, freundlicher, herzliebster Schatz, für diesmal mehr nicht zu schreiben, als daß Du von mir viele, viele Male fleißig und freundlich gegrüßt sein sollest in Dein Herzensherz und Gott dem Herrn in Gnade befohlen.

Magdalena Balthasar Paumgartnerin D[ein] l[iebes] M[agdel]

BALTHASAR AN MAGDALENA
am 20. Juli 1594 aus Lucca

Ehrbare und freundliche, herzliebe Magdel.

Heute vor acht Tagen schrieb ich Dir zuletzt, mitgesandt war eine Viertelunze saflorfarbener Seide [Zwirn]. Danach hab ich Dein Schreiben vom 20. Juni wohl empfangen und daraus Dein

---

* Holländische Tuchmacher, die in Nürnberg lebten.
** 14 Pfennige machten einen Batzen.
*** Ein weiter Frauenmantel.

In Loco Parentis:
Madela Behaim und Jörg Imhoff

Magdalena an Balthasar
am 6. Juni 1594 aus Nürnberg

Ehrbarer, freundlicher, herzliebster Paumgartner.

Vor vierzehn Tagen schrieb ich Dir; seither hab ich Dein anderes Schreiben auch wohl empfangen und daraus vernommen, daß Du angefangen hast, Dich zu purgieren – denn je eher, desto besser! Du wirst dennoch ins heiße Wetter gekommen sein; Gott der Herr gebe dazu fernerhin seinen göttlichen Segen! Du wirst Dich nunmehr auch alle Tage ins Bad zu schicken haben; Gott gebe, daß Dir's wohl diene! Gottlob hat das Aderlassen am Arm mir auch gar recht getan, denn mein Fluß in der Achsel, über den ich lange geklagt, ist nunmehr vergangen – Gott sei Lob und Dank!

Vor acht Tagen hatt ich im Sinn, Dir zu schreiben, da kommt Bruder Friedrich von ungefähr herein und wollte, ich sollt mit ihm wieder hinausfahren, denn seine Kleinen wären von den Flecken* wieder gar wohlauf. So tat ich's gleich und bin fünf Tage draußen gewesen. Unter den Kindern ist mir gottlob die Weile kurz gewesen, und ich nahm alsdann die kleine Madela**, die ein Jahr und vier Monate alt ist, und führte sie mit mir heim. Da hatten wir alle Kurzweil mit ihr; sie ist so possierlich, läuft wie ein Affe im Wagen herum. Ich hoffe, sie soll wohl bald allein laufen, in einem Monat oder zweien.

(...) Am Sonntag ist auch der junge Andreas Imhoff von Augsburg wiedergekommen. Ich weiß nicht, wann der [Paulus] Praun einmal [von Italien] herkommt, daß einmal unser Wagen gemacht wird.

---

* Der Ausdruck »Flecken« könnte eher an Pocken als an Masern denken lassen, meint aber allgemein Pusteln, Verfärbungen oder Unregelmäßigkeiten auf der Haut, sei es mit oder ohne Fieber. Meistens handelt es sich um Masern. Drei Wochen zuvor hatte Magdalena die kleine Madela zu sich nach Haus nehmen wollen, aber zu der Zeit lagen alle Kinder Friedrichs mit Masern im Bett.
** Kurzform von Magdalena.

und all der unsrigen Gesundheit und Wohlauffein gern vernommen: ich für mein Teil dank dem lieben Gott, der uns nach seinem gnädigen Willen noch länger erhalte!

Seither hab ich Dir die andere Dreiviertelunze saflorfarbener Seide in unserer Kiste Nr. 84 auch hinterhergeschickt und dem Jörg, meinem Bruder, geschrieben, daß er Dir's nach dem Eintreffen, was vierzehn Tage nach diesem Brief geschehen möchte, alsbald zustellen wolle.

Daß es sich Wilhelm Kress noch erbeten hat, daheim zu bleiben*, hab ich seines Weibes wegen besonders gern vernommen.

Paulus Scheurl hat mir davon geschrieben, daß unser Flachs endlich einzutreffen anfange. Wir haben's aber übel bedacht und sollten die nächste Ladung von Lübeck zu Meere [nach Nürnberg] herschaffen lassen, da wir den Flachs dort bald und mit gutem Nutzen zu Geld gemacht haben könnten.

Herr Andreas Imhoff hat mir diese Wochen wegen seines Sohnes Jörg einen langen Brief geschrieben, worin er mit ihm gar hart umgeht. Er vermeldet auch, daß ich es ihm, dem Jörg, wohl verlesen möge, was ich getan und womit ich ihn weinen gemacht hab. Nun, ich werde ihm [Andreas] antworten und ihn auch vertrösten, daß er doch noch nach all seinem Wohlgefallen geraten werde, wenn er ihn zu ihrem Handel brauche und in ihrem Lager einen vertrauten Mann oder Diener neben ihn tue, vor dem er auch eine Furcht habe und der ein rechter Schulmeister sei, so wie ihn wohl Wilhelm und Andreas an Isaak Greck gehabt haben, und daß man ihn nun flugs brauchen und ihm zu schreiben und zu tun geben können, wie ich gänzlich verhoffe. Denn es gibt doch keine Ursache, besonders hart über ihn zu klagen. Der Herr schreibt und bittet sehr, ich solle ihm nichts Unrechtes gestatten und ihn auch nicht köstlich in seidenen Kleidern gehen lassen, wie es zuvor geschah; doch er selber begehrt es auch gar nicht. Nun, ich will gern mein Bestes mit ihm tun und ihn in der kurzen Zeit, die ich noch hierbleibe, abzurichten trachten, daß er in jeder Schreibstube zu gebrauchen sein wird.

* Statt nämlich mit seinem Bruder Hieronymus an die Front des Türkenkriegs ziehen zu müssen. Wilhelm war mit Magdalenas Schwester Sabina verheiratet.

Ich weiß Dir, freundliche und herzliebe Magdel, hiermit abermals mehr sonst nicht zu schreiben, als daß Du zu vielen Malen und fleißig von mir gegrüßt bist, und dann Gott dem Herrn in Gnaden befohlen.

D[ein] getreuer l[ieber] Hauswirt
Balthasar Paumgartner der Jüngere

Magdalena wollte der kleine Balthasar nicht aus dem Sinn gehen. Beim geringsten Anlaß schoß die Erinnerung an ihn ins Bewußtsein. Sechs Monate nach seinem Tode grüßt sie Balthasar, der wieder auf der Frankfurter Messe ist, in der Hoffnung, daß *wir mit Freuden wieder zusammenkommen*, setzt aber eilig hinzu: *wiewohl uns Gott einen schmerzlichen Riß durch unsere Freude getan hat, in der wir zuvor immer freudenreicher zusammengekommen sind, als es jetzt leider geschehen wird.* Im selben Brief berichtet Magdalena, dem Hieronymus Kress sei ein fünfter Sohn geboren worden, und offenbart die schmerzende Wunde einer Mutter: *er könnte wohl einen mit uns teilen, wenn das gelten würde.* Als Magdalena im Mai 1594 einen neuen Mantel braucht, erinnert sie das an ihre Schwangerschaft zehn Jahre zuvor. Sie entsinnt sich, ihr damaliger Mantel sei so eng unter den Armen und an den Seiten gewesen, daß sie ihn bei einem Besuch Jakob Imhoffs und seiner Familie gar nicht tragen konnte. Als Balthasar ihr im selben Jahr aus Lucca mitteilt, sein italienischer Arzt bestehe darauf, daß er sich regelmäßig **purgiere** (also zu Ader lasse), erwidert Magdalena postwendend: *Da pflicht ich* [dem Arzt] *wohl bei, denn man hat es am seligen Buben ja wohl leider gesehen, was es mit sich bringt, wenn die Leber verstopft ist!* Auch drei Jahre später, als sie Balthasar ein Mittel gegen eine Gehörgangsentzündung schickte, war die Erinnerung an das Kind noch frisch. Sie empfahl Balthasar, das Ohr dreimal täglich mit Dämpfen aus einem Schwamm zu behandeln, den er mit gleichen Teilen Wein und Wasser und einem Sud aus Majoran, Lavendel, Kamille und Wermuth tränken sollte – ein Rezept, das dem kleinen Balthasar stets geholfen habe, wie sie sich erinnert.

Die Leere in ihrem Leben konnte Magdalena ein wenig mit ihrer Nichte und Namensvetterin Madela, dem Kind ihres Bruders Friedrich, ausfüllen. Vom Frühjahr des Jahres 1594 an, als Madela sechzehn Monate alt war, wurde sie ein häufiger Gast im Haus der Tante, und diese Beziehung wurde von Friedrich ermutigt, der ein Gespür für die Trübsal im Leben seiner Schwester hatte und sie lindern zu können hoffte. Friedrichs Frau hatte gerade einem fünften Kind das Leben geschenkt, und so entlasteten Madelas Besuche bei der Tante auch Magdalenas Schwägerin. In der Gegenwart des Kindes blühte Magdalena förmlich auf – sehr zur Freude Balthasars. *Mir wollte die Weile schier lang werden, wenn ich die kleine Madela nicht hätt!* schreibt sie im Sommer 1594.

Gott behüte sie – sie ist so rege wie ein Affe; läuft noch gar nicht allein, sondern an Bändern, aber mit gar geringer Mühe; und ist gar freundlich: wenn Jörg Paumgartner kommt, patscht sie die Händlein zusammen und geht zu ihm. Ich denk, sie meint, es sei ihr Vater.

Magdalena verwöhnte das Mädchen genauso, wie sie den kleinen Balthasar verwöhnt hatte. Sie bestellt safranfarbene Seide aus Italien für ein Häubchen und weist Balthasar an, Madela ein Kleid zu kaufen. Sie beobachtet das Kind, wie es Blätter aufliest und studiert, und sie beschreibt, wie sie *mit meiner kleinen plappernden Madela* zum Einkauf und zur Kirche geht. Nachdem sie ihre Verrichtungen während der zurückliegenden Woche aufgezählt hat, beschließt sie einen Brief in recht typischer Weise: *Ich vertreib mir indes die Zeit mit der kleinen Madela, die so rege herumwerkt, daß wir alle Freude an ihr haben.*

Zusammen mit Nachrichten über ihren Gesundheitszustand und ihr tägliches Treiben übermittelt Magdalena Balthasar in ihren Briefen auch Grüße von Madela. Im Laufe der Jahre schickte er in seinen Briefen auch gelegentlich Grüße an sie zurück, obwohl er sich dabei nie so eifrig und verläßlich zeigte, wie Magdalena erhoffte. *Und die Madela sagt, ich soll den Vettern fleißig grüßen,* schreibt Magdalena im Frühjahr 1595, und sie überbringt auf dem Umweg über das Kind eine ebenso alte wie vertraute Botschaft: *sie muß sehen, was ich mache, weil nichts für sie in Deinem Brief steht.*

Auch in Balthasars Leben war durch den Tod des Sohnes eine Leere entstanden, wenn er es auch nicht so offen zeigte wie Magdalena. Seine Vaterinstinkte fanden ein neues Betätigungs- und seine elterlichen Fähigkeiten ein neues Erprobungsfeld, als im Jahre 1594 Jörg Imhoff sein Lehrling in Lucca wurde, der siebzehn- oder achtzehnjährige Sohn von Andreas Imhoff. Jörg war vom Vater nach Lucca geschickt worden, um dort die Ausbildung für einen Posten in der Imhoffschen Handelsunternehmung fortzusetzen. Nach der Beschreibung seiner Schwester Marina war Jörg verzogen und disziplinlos; Magdalena gegenüber nannte sie ihn *sehr mutwillig.* Im April 1594 bat sie Magdalena, Balthasar zu fragen, ob er Jörg nicht in seine Hände nehmen wolle, *damit er ein wenig Furcht hätte, mehr als bei den Dienern.* Balthasar lernte Jörg im Frühjahr jenes Jahres kennen, als der junge Mann in Lucca einzog. Er verdächtigte Jörg der Lügnerei, was seine Unternehmungen und Aufenthaltsorte betraf. Magdalena teilte er seine Entdeckung mit, daß der selten anwesende Jörg nicht den Rechenunterricht besucht hatte, wie er behauptete; von Jörgs Musiklehrer hörte Balthasar, der Rechenlehrer habe nach Jörg gefragt, weil er ihn seit langem nicht zu Gesicht bekommen hätte.

Sehr zufrieden war Balthasar aber, als sein Kollege Stephan Wacker ihm mitteilte, wie sehr Jörg ihn fürchte und achte. Dies war, so vernahm Balthasar, auch der Grund dafür, daß Jörg sich im Haus immer so zurückhaltend benahm und lieber außer Haus sein wollte, wenn Balthasar anwesend war. Balthasar war überzeugt, diese Angst und dieser Respekt würden ihn in die Lage versetzen, den jungen Mann zu zügeln und zu formen. Seine Taktik dabei war sehr einfach: die Härten des Kaufmannslebens in harter Dosis. Er beschäftigte Jörg so sehr mit Schreib- und Kopierarbeiten, daß ihm nur wenig freie Zeit verblieb, um seinen jugendlichen Launen nachzugeben. Auch das italienische Hausmädchen duldete von Jörg keinen Unfug. Seine Possen sah sie stets voraus, und sie begegnete ihnen so erfolgreich, daß Balthasar oftmals im stillen lachen mußte. Als Jakob Welser der Jüngere Lucca verließ und zu den Bädern reiste, hatte Jörg einen nichtsnutzigen Gefährten weniger zum Herumjagen und mehr Gelegenheit zum Arbeiten.

Binnen eines Monats besserte sich Jörgs Betragen, und Balthasar konnte mitteilen, daß er beim Erwerb der kaufmännischen Fähigkeiten echte Fortschritte machte. Da Fremdsprachenkenntnissen bei der Lehrlingsausbildung im Ausland zentrales Gewicht zukam, fing Balthasar an, Jörg regelmäßig in italienischer Sprache zu diktieren. Die Ausweitung des Umgangs mit Balthasar und die Vertiefung der beruflichen Praxis scheinen Jörgs Reifeprozeß beschleunigt zu haben. *Er hat eine Furcht vor mir, bei der ich ihn zu erhalten tracht*, schreibt Balthasar, *obwohl ich ihm nun schon gute Worte gebe und nimmermehr nicht ihn anschnarre. Es pflegt gleichwohl der Verstand auch nicht vor den Jahren zu kommen. Ich hab jetzt angefangen, die welschen Briefe, die ich zu schreiben hab, nun ihm in die Feder zu diktieren und anzusagen, worin er sich ziemlich fein schickt und wohl anläßt, was ihm auch im Briefstellen und auch in der Sprache wohl helfen wird. Wenn es nun also fortfährt, wie's angefangen ist, so kann sein Herr Vater wohl zufrieden sein.*

Andreas Imhoff hatte schon andere Regelungen für Jörg in petto, falls der junge Lehrling seine Eignung für den Kaufmannsberuf nicht unter Beweis stellen sollte, und so war er begierig auf Balthasars Urteil. Jörg mußte zuhören, wie Balthasar einen Brief seines Vaters vorlas, in dem er Jörgs Haltung und Betragen in der Vergangenheit heftig kritisierte. Balthasar beschreibt den Brief als *gar hart* für den jungen Mann, der mit Tränen in den Augen zuhörte. Überflüssigerweise dazu gedrängt, Jörg der sorgsamsten Disziplinierung zu unterwerfen, versicherte Balthasar Andreas, Jörg könne durchaus die Fähigkeit zum Dienst im väterlichen Unternehmen entwickeln, wenn er einem **rechten Schulmeister**, den er auch respektiere, unterworfen werde. Ganz offensichtlich hatte Balthasar jemanden wie sich selbst im Sinn. Der Brief gefiel Andreas, und dergestalt zufrieden, erlaubte er Jörg, mit Balthasar nach Genua zu reisen – eine Gelegenheit, seine Erfahrungen zu bereichern und gleichzeitig zu einem neuen persönlichen Abenteuer aufzubrechen, wie es sich Jörg gewünscht hatte.

Balthasars pädagogischer Erfolg erfreute auch Magdalena, die seine Fähigkeit als Jörgs Ziehvater pries. In einer ganz bezeichnend einsichtsvollen Analyse von Andreas' väterlicher Starrköpfigkeit spricht sie eine Ansicht aus, die vielleicht auf alle Väter der frühen Neuzeit zutraf – ohne Zweifel zumindest auf Balthasar in seinen Jahren aktiver Vaterschaft. **Daß sein Vater so hart gegen ihn ist**, schließt sie scharfsinnig, **liegt vielleicht daran, daß er nicht gern wollt, daß ihm eines mißrate von seinen Kindern. Mancher Vater mehr hätt's gern, und dennoch oft gefehlt.**

V. ÜBERLEBENDE

Magdalena und Balthasar waren besessen von der Beschäftigung mit ihrem Gesundheitszustand. Magdalena vor allem schwor auf ihre Ärzte und vertraute sich der medizinischen Vorsehung wie einer göttlichen an. Um sie herum fielen Freunde und Verwandte Krankheiten und Unfällen zum Opfer, und so wurden sie ohne Unterlaß an die eigene Anfälligkeit erinnert. *Ich muß Dir also schier in allen Briefen einen Todesfall in unserer Bekanntschaft schreiben*, seufzt Magdalena im Sommer des Jahres 1584; *ich wollte lieber nicht*. Ihre Berichte von den Kranken und Sterbenden in Nürnberg treffen so stetig und nüchtern ein, wie ein Totengräber seine Schaufel ansetzt. Ihre Schilderungen sind plastisch und ergreifend: ein hilfloser Augenzeuge erstattet Bericht. Über die Frau Gabriel Nützels, Balthasars Tante, hören wir, *daß keine Besserung, nur noch eine Erlösung zu hoffen ist*. Frau Behaim schreit jede Nacht vor Schmerzen, die ein unheilbares Harnleiden verursacht. Die Frau Tobias Kastners geht an Schwindsucht dahin, und das Blut fließt ihr aus dem Mund. Gruner, das bedauernswerte Kind von Roggenbachs Schwester, trinkt Flasche auf Flasche Rotwein, um die Schmerzen eines brandigen Fußes zu betäuben; alle Hoffnung auf Gesundung ist geschwunden, und der Vater steht am Fenster und stöhnt bei jeder neuen Flasche, die geöffnet wird. Die Ruhr, die die Frau Martin Hallers quälte, hat ihr ein grauenvolles Ende in Krämpfen bereitet. Im September 1592 erscheint auch Balthasars neues graues Pferd auf Magdalenas Liste der Opfer – Kommentar zur Allmacht des Todes und zum allseitigen Ringen um Gesundheit. Verwandte, Nachbarn und Tiere werden eifrig wie die Morgenzeitung auf Krankheitsanzeichen hin studiert. Obwohl ihr Schwiegervater erst im August 1594 stirbt, beginnt Magdalena schon im September 1592 damit, Zeichen seines ›bevorstehenden‹ Todes zu vermelden.

Die ständigen Krankheitsmeldungen hinterließen bei

Balthasar die Überzeugung, seine Welt befinde sich in einem Zustand stetigen Zusammenbruches. Der fast gleichzeitige Tod seiner beiden Tanten Holzschuher und Nützel im Jahre 1584 ließ ihn in Klagen ausbrechen, sein Onkel Tucher sei nun als einziger Freund und Beistand aus den Kindertagen noch am Leben – er sollte auch Balthasar noch überleben. **Stetig verlieren wir nun also nacheinander die besten Freunde.** Ein solcher Fall, der Magdalena und Balthasar ganz besonders ergriff, war der von Conrad Bair, eines guten Freundes, Kunden (Balthasar versorgte ihn regelmäßig mit Miltenberger Wein) und seit 1585 auch Verwandten – sein Sohn Stephan heiratete in diesem Jahr Balthasars Schwester Helena. **Der alte Bair**, wie sie ihn freundschaftlich nannten, wurde im November 1591 ernsthaft krank. Zu der Zeit berichtet Magdalena, seine Blase habe versagt und er könne nicht ohne Hilfsmittel urinieren. **Und wie der Jörg Römer die Feigwarzen** [= Hämorrhoiden], **wie man's heißt, am Hintern gehabt hat, so hat sie der Bair vorn, und sie halten das Wasser auf.** Den Patienten beschreibt sie als **gar kleinmütig.** Innerhalb einer Woche verlor er auch die Kontrolle über den Stuhlgang, und im Verein mit einer plötzlich einsetzenden bitteren Kältewelle ließ das seinen Tod nur noch eine Frage der Zeit scheinen. Vom Krankenlager aus wies Bair Balthasars Bruder Paulus an, ihren Vater zu segnen und ihm mitzuteilen, **er werde ihn nicht mehr sehen. Er hat schon von jedermann Abschied genommen,** schreibt Magdalena. Am 9. Dezember sagt Magdalena seinen Tod für die nächsten drei oder vier Tage voraus. Zwei Wochen später konnte Bair Magdalena nicht mehr erkennen und nahm weder Speise noch Trank zu sich. **Ein wunderbarliches Ding, dessen man sich wohl verwundern muß, daß er nicht ersterben kann.** Sein langwährendes Leiden erinnert Magdalena an die kurz zuvor verstorbene Frau Huter, **die auch sehr lang halb tot gelegen ist.** Am 30. Dezember schließlich kann sie vermelden, Bair habe **ein schönes End genommen.** Der Tod wirkte besonders nachhaltig auf Balthasar, der ihn in den folgenden Monaten bei drei verschiedenen Gelegenheiten erwähnt.

Er sucht Worte für sein Mitleiden mit Bair, für sein Bedauern über den Verlust eines guten getreuen Freundes und für die Hoffnung auf seine fröhliche Auferstehung.

AM LEBEN BLEIBEN

MAGDALENA AN BALTHASAR
am 7. Juli 1584 aus Altdorf

Ehrbarer, freundlicher und herzallerliebster Paumgartner!

Dein Schreiben vom 25. Juni ist mir in Altdorf wohl zugekommen, und darin habe ich vernommen, daß Du nunmehr seit acht Tagen das Wasser getrunken hast* und es Dir noch mehr als anderen wohl bekommen sei, womit Du mir wie je eine besonders herzliche Freude gemacht hast. Daß Du aber nicht genug essen und schlafen hast dürfen, dafür sollst Du, herzlieber Schatz, Dich in Lucca wiederum ergötzen, wohl auf Dich achtgeben und an Dir selber nichts sparen. Ich hab ja gehofft, Gott der Allmächtige werde mein herzliches Gebet erhören und Dir Deine Gesundheit durch christliche Mittel wieder bescheren, wo es ja hier nicht hat sein sollen. Gott wolle Dich dabei alle Zeit erhalten und mit Freuden wieder zu mir bringen, damit wir uns nach langem Scheiden wiederum ergötzen und erfreuen.

Ich möchte, wenn es sein kann, wohl von Herzen gern wissen, ob Du vor der Messe aus Lucca heraus sein wirst und wann ich Dir das letzte Mal hinschreiben darf, daß ich Dich dort noch antreffe.

Freundlicher, herzallerliebster Paumgartner, ich hab vermeint, vergangenen Samstag heimzufahren, doch hat uns Dein Vater vor seinem Geburtstag nicht heimlassen wollen, den er am Mittwochmorgen begehen will. So haben wir bleiben müssen; will's Gott, so will ich bis Donnerstag wieder daheim sein.

Wir haben vergangenen Mittwoch zur Nacht mit einem großen Löffel gegessen mit dem Herrn Grafen hier in Altdorf. Sein Koch hat Hochzeit gehabt, da hat er uns laden lassen. Als wir aber wegen der Nützelin nicht haben kommen können, hat er uns zur

---

* Balthasar unterzieht sich der Wasserkur bei den Quellen von Lucca, einen Ritt von vier bis fünf Stunden von der eigentlichen Stadt Lucca entfernt.

Nacht zu sich bitten lassen. Da haben wir so viele Gerichte und so wenig zu essen gehabt, so gottsjämmerlich ist es gekocht gewesen auf ihre polnische Weise.

Wir sind auch am Freitag zur Kastnerin nach Engelthal gefahren, da hat der Haller uns zu Mittag nicht heimlassen wollen, und wir haben über Nacht bei ihm bleiben müssen. Wir sind auch in Hersbruck gewesen, und von da Samstag wieder heim nach Altdorf, wo ich Deinen Brief fand mit Freuden. Ich hab Dir also noch einmal aus Altdorf schreiben müssen.

Mir geht es gottlob wohl heraus; mir schmeckt das Essen und Trinken und tut auch der Wein wieder recht wohl. Ich hab nicht um der Knauserigkeit willen Bier getrunken, wie Du vielleicht meinst, und ich verstehe aus Deinem Schreiben, daß ich ja auch nicht viel damit hätt ersparen können, wenn ich es auch gemacht hätte. Es steht aber gottlob alles besser um mich, da in mir lebet, was Dein und mein ist und von Gott gegeben.* Ich hab nun gottlob die halbe Zeit überwunden; Gott lasse mich die andere halbe Zeit auch mit Gesundheit überwinden!

Wisse, herzlieber Paumgartner, daß die Frau Georg Volckamerin diese Woche auch in Gott verschieden ist, als ich fort war. Ich muß Dir also schier in allen Briefen einen Todesfall in unserer Bekanntschaft schreiben; ich wollte lieber nicht.

Herzlieber Schatz, für diesmal weiß ich Dir nichts anderes zu schreiben, als daß Dein Vater und Deine Mutter, Bruder und Schwester Dich alle fleißig grüßen lassen, und sei Du, herzliebster Schatz, auch von mir zu vielen tausend Malen fleißig gegrüßt und dem allmächtigen Gott befohlen. Wisse auch (ich hätt's schier vergessen), daß man uns in vierzehn Tagen nach Neuenmarkt zur Hochzeit von des Veiten [Pfauds] Bruder geladen hat. Wenn er ankommt, antworte dem Pfaud, daß er uns entschuldige. Ich darf Dir nicht mehr schreiben, hab ein grobes Papier hier. Der Jörg sagt, der Veit bereite sich [zur Abreise] innerhalb acht Tagen vor; dann muß ich's fein kurz machen. Gott der Herr wollte Dich vor Leid und Übel bewahren. Amen.

Magdalena Balthasar Paumgartnerin

* Damals war Magdalena mit dem kleinen Balthasar schwanger.

Was konnte man in einem Zeitalter, das so gnadenlos von Krankheit und Tod eingekesselt war, denn zum Schutz von Leib und Leben noch tun? Magdalena und Balthasar verfügten über mannigfaltige Informationsquellen und praktische Hilfestellungen in medizinischen Fragen. Einmal gab es die mündliche Überlieferung, die sich aus generationenalter Erfahrung speiste, zum anderen gedruckte öffentliche Ratschläge von den Ärzten der Stadt. Kaspar Hochfeders Purgierkalender, der 1496 in Nürnberg veröffentlicht wurde, gab die günstigsten Zeitpunkte für den Aderlaß an, der in Magdalenas und Balthasars Kreisen zu den meistverbreiteten Vorbeugemaßnahmen zählte. Weite Verbreitung fanden Leitfäden zum Aderlassen, die für Ärzte und Badesanitäter konzipiert waren, aber jedermann informierten und genaue Anweisungen über die günstigsten Anwendungsstellen und -methoden gaben. Um 1550 wurde eine gekürzte landessprachliche Ausgabe von Andreas Vesalius' *Anatomia* herausgegeben, eines Werkes, das alle Körperteile genauestens zu beschreiben suchte. Bis zum späten sechzehnten Jahrhundert hatten die Nürnberger Ärzte sich zu einem offiziellen, gildenartigen *Collegium Medicum* zusammengeschlossen, das Behandlungsmethoden vereinheitlichte, Gebührensätze festlegte und darauf abzielte, Quacksalbern den Garaus zu machen.

Wenn die Pest oder eine andere Seuche drohte, gaben die Ärzte gewöhnlich praktische Anleitungen zur Vorbeuge heraus. Eine bebilderte Flugschrift aus dem Jahre 1562 zeigt, welches Selbstbild der Arzt hegte und welche Kniffe er anwandte, um das Vertrauen der Öffentlichkeit zu erlangen. Unter dem Titel »Ein kurzes Regiment, wie man sich in Zeiten regierender Pestilenz halten soll« predigte sie sowohl medizinische Selbsthilfe als auch Gottvertrauen, wobei bestimmte Behandlungen und Arzneien für die Anwendung unter Aufsicht eines befähigten Arztes hervorgehoben wurden. Obwohl Gebet und Buße als wichtigste Stützen der Gesundheit anerkannt werden, sehen die Ärzte den Glauben nicht als die einzige »göttliche« Handlungsweise an, wenn das körperliche Wohlergehen bedroht ist. Die Religion ist ein ständiges Mittel und gleichwohl die Therapie der letzten Hoffnung; etwas, das man in seinem Leben stets gegenwärtig halten sollte, auch im gesunden Zustand, das aber ganz besonderer Anrufung bedarf, wenn alles andere versagt. Mit einer Frömmigkeit, die der des Klerus nicht nachsteht, erachten auch die Ärzte die Pest als göttliche Strafe für zu große Sündenhaftigkeit. Wie die Geistlichkeit meinen sie, nur Demut, Vertrauen in Christus und moralische Erneuerung könnten die Seuche schließlich beenden, da Gott trotzige und unbußfertige Menschen nicht verschonen werde.

Dennoch war die Ärzteschaft nicht in erster Linie an platten Wahrheiten und letzten Heilsversprechen interessiert; ihre Berufung galt den greifbaren und gegenwärtigen Wegen zur Linderung. Sie konzentrierte sie auf die sofortigen und konkreten Mittel, die ihnen Gott zur Rettung und zum Schutz der Menschen verliehen hatte: auf die himmlischen Geschenke der Medizin.

> In dieser Zeit der Gefährdung will Gott uns mit seinen heiligen Engeln und mit seinen heilenden Geschenken der Medizin gnädig erretten und schützen, die er nach seinem göttlichen Willen und Wohlgefallen zu unserem Vorteil geschaffen hat. Nicht zweifeln dürfen wir, daß es für unsere Gesundheit und für unsere Erlösung gut ist, unser Leben mit ärztlichen Mitteln zu verlängern. Gott wird unsere Gebete wie ein Vater erhören und uns mächtigen Vorteil gewinnen lassen aus den vielen Arzneien, die er mit seinem Wort für den Schutz unserer Gesundheit gesegnet hat. Doch wenn es seinem heiligen göttlichen Willen gefallen soll, uns aus diesem jämmerlichen Leben zu erretten, so wollen wir nicht zweifeln, daß die Sünde und der Tod und der Teufel und die Hölle gewißlich besiegt und wir glücklich in das ewige Leben eingehen werden durch unser Vertrauen in seinen lieben Sohn, unsern Herrn Jesus Christus.

Eine ähnliche Unterweisung von ärztlicher Seite erschien beim Ausbruch der Pest im Jahre 1572. Darin werden die medizinischen Künste in einer Sprache beschrieben, die normalerweise den Sakramenten der Priester vorbehalten bleibt. Die Ausübung der Heilkunst wird als geweihtes Mittel der Gesundung von göttlicher Herkunft vorgestellt; ein Patient in der Obhut eines ausgebildeten Arztes befinde sich gleichsam in den Händen Gottes.

> Wenn jemand in Pestzeiten von Schwäche überfallen wird, soll er nicht sein Herz verlieren und verzagen, sondern sich mit sicherem Gottvertrauen den von Gott geweihten Mitteln zuwenden, die ihm Hilfe bringen: zu Gott beten und auch Rat und Hilfe bei einem gelehrten Arzt suchen. (...)
> Herophilus sprach wahr, als er sagte, alle Arzenei sei ohne Nutzen in den falschen Händen; die Hände aber, in denen sie rechten Nutzen bringen, sind wohl den Händen Gottes zu vergleichen.

Die Nürnberger Ärzte konnten im großen und ganzen mit vernünftigen Ratschlägen aufwarten, die Magdalena und Balthasar zum guten Teil methodisch befolgten. Da Seuchen sich im direkten Körperkontakt übertragen, besteht die fundamentalste Vorbeugungsmaßnahme darin, die Ansteckungsopfer, ihre Wohnungen, Kleider und Bettwäsche sorgsam zu meiden – und ebenso Bäder und andere öffentliche Plätze, wo kranke und angesteckte Menschen sich versammeln. Auch das Einatmen der immer selben Luft bedeutet ein Risiko, und so wird gründliches Durchlüften abgeschlossener Räume innerhalb von infizierten Bezirken als mitentscheidend angesehen. Nachdruck wird darauf verwendet, man habe sein Haus gewissenhaft rein und sauber zu halten – dieser Ratschlag läßt sich allerdings in den kalten Wintermonaten schwerlich befolgen, wenn sich Speichel, Urin und andere Fäulnisstoffe auf Böden und Wänden ansammeln. Ständig soll ein Feuer brennen, um die Ansammlung feuchtkalter Luft zu verhindern, die die Widerstandskräfte des Körpers schwächt und damit zum Bundesgenossen der Seuche wird. Im Glauben, mit Wohlgerüchen könne die Wirkung der verseuchten schlechten Luft geschmälert werden, empfehlen die Ärzte häufige Bäder mit süßduftendem Rosenwasser und das Tragen von mit Heilkräutern gewürzten Äpfeln auf den Straßen. Auch Edelsteine wie Hyazinthe und Saphire als wirkungsvolle Bannmittel finden Unterstützung.

Unter den persönlichen Gewohnheiten, die dem Überleben in Pestzeiten förderlich sein sollen, gilt Nüchternheit als die weitaus hilfreichste. Wenn die Pest in der Stadt ist, essen, trinken und scherzen nur Verrückte. »Der Glaube des gemeinen Volkes, daß man in Pestzeiten stetig essen und nie nüchtern sein solle, ist ein gar großer Irrtum«, warnen die Ärzte. Schwere Speisen wie Schweinefleisch, Sauerkraut und zahlreiche Früchte erzeugen nach dieser Ansicht ebenso wie starke Getränke eine unnatürliche Feuchtigkeit im Körper, die den Magen in Fäulnis versetzt und für die Seuche empfänglich macht. Maßvolles Essen und Trinken und sogar eine Fastenkur gelten als vernünftigerer Weg.

Ebenfalls zu vermeiden sind, wenn die Pest droht, sexuelle Regsamkeit und die Gefühle Zorn und Schwermut. Diese Gefühle – allen voran Schwermut – sollen die Körpersäfte in Wallung bringen, den Körper schwächen und der Krankheit Tür und Tor öffnen. Hier mag die Quelle für jene Überempfindlichkeit Magdalenas gegenüber Balthasars Formulierung vom 𝔍𝔬𝔯𝔫 𝔷𝔴𝔦𝔰𝔠𝔥𝔢𝔫 𝔲𝔫𝔰 zu finden sein, die ihre Beziehung an einem Punkt der Verlobungszeit bestimmte. Auch können solche medizinischen Theorien ein zusätzlicher Antrieb für Magdalenas häufige Versuche gewesen sein, Balthasar aufzuheitern, wenn er auf Reisen war.

In der praktischen Heilkunst der frühen Neuzeit gesellte sich das Prinzip der Körperreinigung zu denen des Vermeidens und der Abstinenz. Da man in der Ansammlung von

Faulstoffen im Körper die Hauptursache von Krankheiten sah, wurde regelmäßiges Durchspülen des Körpers zur wichtigsten Vorbeugemaßnahme. Daher rührte die Empfehlung der Ärzte, häufig Klistiere und Zäpfchen anzuwenden und – das war für Magdalena am wichtigsten – sich in festen Abständen zu Ader zu lassen, solange der Körper stark und gesund war.

Wenn Balthasar auf Reisen war, sorgte sich Magdalena unablässig, ein unvorhergesehenes Unwetter oder eine Krankheit könnten sein Leben fordern. Sie teilt ihm ihren Schrecken mit, als sie im September 1589 vom plötzlichen Tod Sebald Welsers an Ruhr in Ulm erfährt. Diese Tragödie erregt ihr Mitleid um so mehr, als Welser eine im vierten Monat schwangere Frau hinterlassen hat. So denk ich eben auch an Dich, an Dein Gerede in der Stube, wie Du zu mir sagst, Du solltest bald etwas auf den Weg bekommen. Ich verhoffe aber, Du sollst doch mit der Hilfe Gottes wohl hinabgelangt sein (...). Du wollest allein auf Dein Wohl achtgeben. Im Brief der nächsten Woche kommt Magdalena auf den Tod Welsers zurück, als sie ausruft: Gott behüte mich, solange ich lebe, vor solcher bösen Botschaft.

Magdalena kannte Balthasar als Arbeitstier und Grübler, der am Essen sparte und Mahlzeiten ausfallen ließ, und sie fürchtete, seine schlechten Gewohnheiten könnten seine Abwehrkräfte schwächen und ihn zur leichten Beute von Unwettern oder Seuchen werden lassen. Dies war die Ursache, daß sie ihn beständig ermahnte, nicht mit leerem Magen zu reisen. Als sie von der Ausbreitung der Pest entlang des Rheins hört, fleht sie ihn an, sofort zu einem Apotheker zu gehen und sich solches (...) für böse Luft zu besorgen – Gewürzäpfel oder -apfelsinen. Vor allem aber möchte sie, daß er sich regelmäßig zu Ader läßt, was nach ihrer Einschätzung die Vorbeugung schlechthin ist und der sicherste Weg, dem Körper jene überzähligen und schädlichen Säfte zu entziehen, die eine Brutstätte von Krankheiten sind.

Magdalenas Begeisterung für den Aderlaß war zu ihrer

Zeit weit verbreitet. Im sechzehnten Jahrhundert war es nichts Außergewöhnliches für Familien und Freunde, eine Art Aderlaßferien zu veranstalten. In Gruppen suchten sie die Badeärzte auf, und danach erholten sie sich bei Spiel und Muße. Wir sehen heute sehr viel deutlicher als Magdalenas Zeitgenossen die Risiken des Aderlasses, obwohl es auch damals schon Kritiker gab. Einer der freimütigsten war der sehr bekannte Arzt Hippolytus Guarinonius. Er sah auf die in der Berufshierarchie weit unten stehenden Badeärzte herab wie auf Quacksalber, die ihre Patienten zumeist bis zur Bewußtlosigkeit zu Ader ließen (bisweilen wurden fünf Blutgefäße gleichzeitig geöffnet) und nicht selten den Tod verursachten, indem sie Schlagadern und Venen verwechselten. Magdalena hatte keine Bedenken gegen die Anwendung – im Gegenteil: in ihren Augen waren die Risiken, sich nicht zu Ader zu lassen, bei weitem größer als irgendein Nachteil der regelmäßigen Anwendung. Ständig nörgelt sie in dieser Angelegenheit am mutlosen Balthasar herum. Als sie im Frühjahr 1584 bemerkt, daß seine Gesundheit nachläßt, heißt ihr dringender Rat: **Aderlaß (...) mit erster Gelegenheit.** Im November 1591 erinnert sie ihn, die Zeit zum Aderlaß sei gekommen, und weist darauf hin, daß er nun schon elf Wochen aus Nürnberg fort sei – wahrscheinlich war das auch die Zeit, die seit dem letzten Aderlaß verstrichen war. Freudig berichtet sie ihm von den Worten ihres Nürnberger Anwenders, in Lucca sei das Aderlassen noch gebräuchlicher als in Nürnberg, **damit Dich die Flüsse nicht überfallen.** Magdalenas Erinnerung legt den Schluß nahe, daß sie (und vielleicht auch Balthasar) sich viermal im Jahr zu Ader ließ, und zwar fast immer in Nürnberg. Das wäre doppelt so häufig, wie Guarinonius empfiehlt, der sich vehement gegen Leute wendet, die sich bis zu zweimal monatlich einem Aderlaß unterziehen. In seiner Anweisung aus dem Jahre 1572 empfiehlt der Nürnberger Arzt einen Aderlaß im Frühjahr und einen im Herbst als beste Regel für gute Gesundheit.

Magdalena wirft mit persönlichen Zeugnissen für die

Heilkraft regelmäßigen Aderlasses regelrecht um sich. Im November 1591 erinnert sie Balthasar zum zweiten Mal innerhalb einer Woche an den Aderlaß, und diesmal stachelt sie ihn mit dem Bericht ihres eigenen Mißgeschicks nach einem Versäumnis in der Behandlung an. Als sie ihren Termin um zwei Wochen überzog, sei sie plötzlich unfähig gewesen, ihren oberen Rumpf (Hüfte, Schultern, Arme) frei zu bewegen. Eine wärmespendende Salbe habe die Bewegungsunfähigkeit behoben, doch der Versuch habe sie gelehrt, so versichert sie Balthasar, den Aderlaß nie wieder hinauszuzögern. Nach dem Tod des kleinen Balthasar an *verstopfter Leber* wurde sie beinahe blindgläubig, was dieses Thema betraf. Zwei Jahre später behauptete sie, regelmäßiges Aderlassen habe den Rheumatismus in ihrer Schulter vollkommen beseitigt.

Schließlich erfüllt Balthasar seine Pflicht. Als Magdalena erfährt, daß er sich in Lucca nach ihrer Anweisung zu Ader gelassen hat, erzählt sie zur Bekräftigung dieser Tat noch einmal die traurige Aderlaßgeschichte der schwindsüchtigen Frau Kastner. Vor ihrer Verheiratung hatte Frau Kastner sich regelmäßig zu Ader gelassen, um eine Entzündung in und an den Augen unter Kontrolle zu halten. Nach der Heirat stellte sie die Besuche beim anwendenden Arzt ein, da die Augen sich gebessert hatten. In Wirklichkeit, so meinten die Ärzte der Frau, habe sich die Entzündung nur von ihren Augen zu den Lungen verlagert und so die Ärmste auf die Schwelle zum Tode geführt. Um ihren Verfall aufzuhalten, wurde Frau Kastner nun – offensichtlich mit einem letzten Versuch in aussichtsloser Lage – von ihrem Arzt zu Ader gelassen. Magdalena war ein häufiger Gast an ihrem Krankenbett und erlebte zwei Aderlässe in ebenso vielen Wochen, und danach, so behauptet sie, verspürte Frau Kastner keinen Brechreiz mehr und wurde wieder ein bißchen kräftiger. Innerhalb eines Monats nach diesem Bericht bekennt Magdalena allerdings wieder von ihrem Zustand, es sei *wenig Hoffnung* – und die Wunder des Aderlasses erwähnt sie dabei nicht mehr.

Zwischen Arzt und Gott

Balthasar an Magdalena
am 5. Juli 1591 aus Carlsbad bei Schlackenwalde

Ehrbare und freundliche, herzliebe Magdel!

Wenn Du samt den unsrigen noch wohlauf, frisch und gesund wärest, hört ich's sehr gern, wie ich denn auch mit Verlangen gern zu vernehmen warte, wie Dir und dem Balthaslein das geplante Purgieren bekommen sein wird. Für mich dank ich dem lieben Gott. Und Du magst vielleicht vor diesem Schreiben schon von Vetter Christoph Scheurl vernommen haben, wie daß ich gut hergekommen bin; Gott sei Lob und Dank. Denn Doktor Rubinger sagt mir, er habe ihm [Scheurl] einen Brief geschrieben, weil er einen eigenen Boten [nach Nürnberg] abgefertigt habe; davon hab ich nichts gewußt, sonst wollt ich ihm auch ein Brieflein mitgegeben haben. Nun, weil mir in Eger der Weg nach Schlackenwalde gar zu böse beschrieben worden ist, hab ich mich anders besonnen und (auch um weniger vergebne Zeit zu verlieren) mich entschlossen, von dort den nächsten Weg hierher ins Bad zu reiten. Dann bin ich nach einem ziemlich bösen Weg mit müden Pferden und dem wohl faulen, langsamen [Knecht] Cuntz vergangenen Montag nach der Vesperzeit allhier wohl angekommen; Gott sei Lob und Dank.

Den Aftermontag darauf hab ich ausgeruhet, Mittwoch purgieret und Donnerstag, also vorgestern, das Wasser in Gottes Namen zu trinken angefangen. Ich befinde mich gottlob noch nicht übel dabei und bin der tröstlichen Hoffnung, diese Reise, Zeit und Unkosten wollten nicht zum Schlechten angelegt sein. Ich purgierte mich flugs, doch ohne alle Schmerzen. Also darf und möchte ich vom Wasser nun viel auf einmal trinken. Ich verhoffe jedoch, daß ich morgen noch auf drei Maße [Liter] kommen kann; was vielleicht auch das meiste für einen Tag sein möchte. Wann wiederum ich mich aber von hier auf den Weg werd machen können, davon kann und weiß ich Dir noch nichts zu schreiben, weil ich in diesem und zum Teil in anderen Dingen nun nach des Doktors Gnaden leben muß. Ich hab jedoch Sorg, daß sich bald noch ein Tag zu zehn erstrecken möchte; die Zeit wird es entdecken.

Herr Hans Köppel hat mir vergangenen Mittwoch aus Schlackenwalde geschrieben und einen Hasen verehrt. Er erbot sich nun zu allem Guten, und ich soll ihm nun zuschreiben, wessen ich bedürfe, und obschon in dieser Zeit wenig zu bekommen ist, wolle er in allem sein Bestes tun. Ich hab ihn gleichwohl gebeten, mir junge Hühner zu schicken, von denen vorgestern siebzehn zu je 18 1/2 Pfennigen allhier angekommen sind, aber gar kleine, und etliche alte Suppenhennen auch mit. Sonst ist es hier wahrlich ein sehr sprödes Wildbad, wo für Geld doch gar nichts zu bekommen ist, und es gibt hier weder Wein noch Bier, damit einer die Zeit im Wildbad um so mäßiger und bequemer herumbringen kann. Dazu sind wir miteinander gar langweilig, wie ich denn, weil ich weder Hemden noch Kleider nicht hab, noch nicht aus meiner Unterkunft gekommen bin. Mit meiner Reisetruhe und Ausrüstung darin geht es mir kirchweihisch genug, weil ich sie noch nicht erhalten hab. Herr Köppel hat vorgestern schon entboten, der Fuhrmann solle heute damit hereinkommen – ob's geschieht, sieht man. Ob ich nun der Sachen bedürftig bin, erachte Du selber!

Unser Knecht, der wohl faule und langsame Cuntz, ist für mich keiner, und ich wollte demnach, ich hätt ihn nie gesehen. Ich muß nun nach einem anderen suchen. Lieber schicke ich nach dem Stallmeister und frage ihn, was er von dem hält, der beim jungen Andreas Imhoff und auch bei ihm im Marstall gewesen ist. Wenn ich ihn am Freitag noch um seinen Rat hätte fragen können, als wir uns verritten haben, so wär ich schon entschlossen gewesen, diesen Knecht wiederum laufen zu lassen und jenen mitzunehmen. Der Stallmeister war nur nicht daheim und gerade ins Feld geritten.

Wenn der Schneider des Vaters Mantel noch nicht gemacht oder geschickt hat, so schick danach, und befördere ihn weiter zum Vater nach Altdorf. Denk daran, das Korn gleich hinzuschicken, damit ich's dem Vater alles miteinander verrechnen kann.

Dem Balthaslein sag, daß er eine Weile fromm sei, denn wenn ich vernehm, daß er bös gewesen ist, werde ich ihm nichts anderes als eine gute starke Gerte mitbringen und dann beim nächsten Mal zum Schulmeister in die Kost geben.

Wenn Du irgendwo von einem guten gerechten alten Wein hörst, magst für uns wohl ein Faß ins Haus nehmen.

Wenn Andreas Heiling seine 17 1/2 Gulden Wöhrder Zinsen noch nicht gezahlt hat, so laß ihn mahnen. Nach dem Spruch des Gerichts zu Wöhrd beträgt die Schuld von Hieronymus Herbst 18 Gulden, 3 Kreuzer und etliche Pfennige, wovon ich ihm aber zwei Gulden nachgelassen hab. Wenn man's nicht richtig bezahlt hat, so laß nun durch den Schwager v. Plauen mahnen.

Und ich weiß Dir, freundliche, herzliebe Magdel, hiermit sonst nicht mehr zu schreiben, als daß Du den Vetter Paulus Scheurl und sie, die Scheurlin, Deine Brüder und Schwester Maria, Schwager [Wilhelm] Kress und seine Hausfrau, Schwager Conrad Bair, Stephan Bair und sein Weib fleißig von mir grüßen lassen wollest. Sei Du auch zu vielen Malen freundlich und fleißig von mir gegrüßt samt dem Balthaslein, und wir alle Gott dem Herrn in Gnaden befohlen.

D[ein] getreuer l[lieber] Hauswirt
Balthasar Paumgartner der Jüngere

Wenn Magdalena sich in Gesundheitsfragen dem Aderlassen anvertraute, so Balthasar dem Heilwasser aus Thermalbrunnen. In die Zeitspanne ihres Briefwechsels fallen vier Besuche in Heilbädern: zwei Aufenthalte (1584 und 1594) bei den Gebirgsquellen von Lucca, gut dreißig Kilometer oder vier bis fünf Stunden außerhalb der Stadt; einer (1591) in Carlsbad; schließlich einer (1596) bei den kalten Quellen von Langenschwalbach, die an Balthasars Reiseroute bei der Heimkehr von der Frankfurter Messe lagen. Balthasars Beschreibungen seiner Wasserkuren geben uns einen seltenen Bericht aus erster Hand über die Bäderkultur und die medizinischen Praktiken des sechzehnten Jahrhunderts. Insbesondere enthüllen sie die Einstellung von Laien gegenüber der Heilkunst zu einer Zeit, da sie sich als Beruf etablierte und ihre Heilkraft und -befähigung auf eine Ebene mit der Religion stellte. Die Reaktionen von Nichtfachleuten auf die Ärzte, das zeigen die Beispiele Balthasars und Magdalenas, reichten von Verbitterung bis zu verzweifelter Hoffnung.

Balthasars erster Besuch der Quellen von Lucca, dessen Bericht uns vorliegt, fand im Sommer 1584 statt, nachdem zwei Reisen nach Genua in drückender Hochsommerhitze ihn völlig zur Erschöpfung gebracht hatten. Er scheint auch stark an Gewicht verloren zu haben, denn nach der Ankunft in Lucca schreibt er, er müsse sich mästen. Freunde und Bekannte in Lucca empfehlen ihm, sich durch den Genuß der Quellwasser zu erholen. Zunächst wollte Balthasar nur einfach herangeschafftes Brunnenwasser trinken, aber er ließ sich überzeugen, daß das Wasser an der Quelle sehr viel heilkräftiger sei. So entschied er sich nach größtem Zaudern schließlich, die liebe Arbeit eine Woche ruhen zu lassen und seiner Gesundheit in dem Paradeis aufzuhelfen, als das ihm die Quellen mit allem Nachdruck beschrieben worden waren. Am Abend seines Aufbruchs schreibt er Magdalena in dem für ihn bezeichnenden Ton der Unfähigkeit, mit Begeisterung etwas Neues zu wagen, und auch mit naiven Vorstellungen über die Bäder, wie wir sie kein zweites Mal zu Gehör bekommen werden.

Obwohl ich von den hiesigen Bürgern gar gute Gesellschaft hab, so werde ich doch acht Tage darauf verwenden und im Paradeis droben ein gutes Leben haben, wenn es hier unten auch gänzlich endet. Unbesehen, daß ich wirklich schlecht von zu Hause fort kann und hier genug und alle Hände voll zu tun hätt, so muß ich doch einen Berg zu einem Tal schlagen und aus der Not eine Tugend machen. Der Allmächtige verleihe seine Gnad, daß es mich wohl ersprießen wolle. Die meisten Leut von hier ziehen wohl nur der Wollust halber in solche Bäder, trinken also das Wasser nur, damit sie um so lustiger zum Essen werden. So ist mir aber doch nicht. Wäre ich dessen nicht notdürftig, so hätte ich hier wohl nötigere Dinge abzuwarten: ich muß also schier wider meinen Willen ein gutes Leben leben.

Die Kur bestand zu dieser Zeit einfach darin, zu ruhen und früh am Morgen die Quellwässer einzunehmen – zweieindrittel Liter pro Tag. Balthasar behauptet, sieben Achtel davon schon vor dem Aufstehen absolviert zu haben. Nach drei Tagen solchen Purgierens bemerkte er als hervorstechendes Ergebnis ein **Gerümpel** im Leibe. Über die Schmerzen oder Schwächezustände, die oft mit dem Purgieren einhergehen, hatte er nicht zu klagen. Seine am häufigsten geäußerten Beschwerden während des Aufenthalts betreffen Essen- und Schlafmangel. Abends darf er nicht halb soviel essen, wie er möchte, und tagsüber kann er überhaupt nicht schlafen, weil er ständig zum Abtritt muß. Offensichtlich haben die Bäder von Lucca ihren ernsthaften Besuchern ein asketisches Programm aufgezwungen. Andere Kurorte waren bekannt für Schlemmereien und Trinkgelage, die fast an die Größenordnung von Festtafeln heranreichten, was wohl eher dem Durchsetzungsvermögen von Konsumgewohnheiten als einem anderen Verständnis von der Purgierheilkunst entsprang.

Balthasar hatte auch seine Zweifel an der Kur, wie seine wiederholt geäußerte Hoffnung zeigt, Gott möge ihn beschützen, bis es überstanden sei. Er brennt darauf, die Kur hinter sich zu bringen und wieder seinen Geschäften in Lucca nachgehen zu können. Immerhin stellt er fest, daß die Wasserkur auf ihn eine bessere Wirkung hat als auf manch anderen Patienten. Einige von ihnen sind mit einem unvergleichlich größeren Aufwand von weither gekommen, nur um feststellen zu müssen, daß bei ihnen die Quellwässer keine Wirkung zeitigen; Balthasar beschreibt, daß bei ihnen **das Wasser, wenn sie trinken, gar bleibt und nicht fort will. (...) Es sind Leute hier, die gern hundert Kronen darum gäben, daß es ihnen wie mir vonstatten geht und durchpassiert.** Balthasar verbrachte zwölf Tage bei den Quellen – vom 21. Juni bis zum 3. Juli. Als er Magdalena am 18. Juli wieder schreibt, teilt er ihr einen neuen Befund seiner Ärzte mit, den er ihr **nicht vorenthalten** will. Obwohl er sich allgemein wohl fühlt, klagt er über Kopfschmerzen, die nicht nachlassen wollen. Nachdem sie über seinen Zustand beraten haben, ziehen die Ärzte den Schluß, er leide an einer **hitzigen Leber**. Während die Kur ihr schon etwas abgeholfen habe, hätte sie im Verein mit seinem schwachen Magen und schlechter Verdauung **böse Dämpfe** in seinem Kopf erzeugt, die Blutgefäße entzündet und so auch seine Gliedmaßen mit Schmerzen und Schwäche geschlagen; daher also die ständigen rheumatischen Beschwerden und die Kopfschmerzen! Seine Ärzte raten, er solle zu den Quellen zurückkehren und mindestens sechs Wochen lang sowohl den Kopf als auch den Rumpf zwei Stunden täglich in den Heilwässern baden; auch die Trinkkur solle er dabei fortsetzen. Einem heutigen Leser der ärztlichen Befunde und Anordnungen will es fast scheinen, als gebe es rege Geschäftsbeziehungen zwischen den Quellen und der Ärzteschaft in Lucca. Balthasar allerdings war nicht so mißtrauisch, und unter ständigem Kopfschmerz litt er tatsächlich. Wenn es die Zeit erlaubt hätte, wäre er den ärztlichen Empfehlungen nachgekommen (zehn Jahre später sollte er sich einer solchen längeren Kur unterwerfen), aber die Frankfurter Messe rief ihn fort. Er nahm den ärztlichen Rat ernst und hoffte, in Deutschland eine solche Behandlung durchführen zu können. Unterdessen schreibt er Magdalena, er wolle sein Geschick **dem lieben Gott als dem besten Arzt und Helfer befehlen, der mir dann nach seinem göttlichen Willen am besten helfen kann.**

Beim nächsten Mal treffen wir Balthasar auf einer Badekur in Carlsbad in der Nordwestecke Böhmens an. Im Juni 1591 hatte er sich dort einer sehr viel ehrgeizigeren Kur verschrieben – einer Kur, die seinen rheumatischen Schmerzen nicht nachstand, was die heraufbeschworenen Unannehmlichkeiten anbelangte. Am Tage seiner Ankunft ruht Balthasar sich aus, am darauffolgenden purgiert er (wahrscheinlich mit Abführmitteln), und am dritten fängt er an, **das Wasser zu trinken. Es purgiert mich flugs, doch ohne alle Schmerzen**; er fühlt sich wohl und drückt die Daumen, daß die Reise und der für diese Kur betriebene Aufwand an Zeit und Geld sich gelohnt haben mögen. Wieder möchte er die Kur möglichst schnell hinter sich bringen, doch er ist vollkommen außerstande, ihre Dauer vorauszusagen. Stets ist er bereit, auf Anweisung sofort abzureisen. Er befürchtet, der Aufenthalt könne sich hinziehen und aus einem Tag werde schnell ein Dutzend. Im Moment muß er nach des Doktors Gnaden leben.

Zweifellos hat er hinzugelernt, was den Umgang mit dem spartanischen Leben im Bad betrifft. Weitaus deutlicher als die Quellen von Lucca beschreibt er Carlsbad als ein sehr sprödes Wildbad, wo es weder Wein noch Bier zu kaufen gebe, um die Langeweile zu vertreiben. Immerhin muß Balthasar diesmal nicht hungern. Ein gewisser Hans Köppel im nahegelegenen Schlackenwalde hat ihn mit einem Hasen und einem Geflügelvorrat versorgt. Da seine Kostprobleme auf diese Weise gelöst sind, betrifft Balthasars größte Klage für den Moment einen unzuverlässigen Knecht, dessen Unfähigkeit, für die Überbringung seiner Truhen zu sorgen, ihm die Möglichkeit zum Kleiderwechsel benommen und Stubenarrest beschert hat.

Nach einwöchigem Kuren teilt Balthasar Magdalena mit, seine Sudlerei nehme kein Ende. Er hat mehr als vierzehn Liter vom Heilwasser zu sich genommen und ist überzeugt, sich so gründlich purgiert zu haben, wie man nur wünschen könne. Sein Arzt verlangt nun von ihm, zweimal täglich eine halbe Stunde im Wasser zu baden – davon einmal nicht oberhalb des Nabels – und sich auch Kopfduschungen zu unterziehen; dieser Anordnung muß er acht bis vierzehn Tage lang folgen. Da die Kur so lange anhält und ihm so wenig von seinen Beschwerden genommen hat, vermutet Balthasar jetzt, er werde nicht mit dem gewohnten Tempo reiten können. Er plant daher, unterwegs bei Freunden zu übernachten, und das bedeutet, daß er später als gewünscht daheim sein wird.

Ein letzter Brief, geschrieben am 20. Juni, verkündet die Neuigkeit, er werde nicht nur wegen der Kur langsamer reisen, sondern Carlsbad auch erst später verlassen können, da es der Vorsehung gefallen hat, die Kur zu unterbrechen. So wisse aber, daß mich Gott der Herr nach schier vollendeter Kur mit einer sehr heftigen Backengeschwulst angegriffen hat, so daß mir die linke Backe und das halbe Angesicht gar hoch und groß aufgeschwollen ist – möglicherweise eine Gehörgangentzündung, die von den Kopfduschen herrührt. Wegen der Schmerzen muß er den Aufenthalt im Bad gegen seinen Willen fortsetzen, bis die Schwellung abklingt. Er sagt, er warte geduldig auf die Besserung, *die der liebe Gott nach seinem väterlichen Willen bald gnädig schicken möge.* Sein Vertrauen zu Gott, seiner Quelle des Leids und zugleich der Erlösung, ist zu dieser Zeit über alle Maßen groß; schon will Balthasar eine Besserung wahrnehmen können, die aber fast zu gering sei, um sie zu bemerken. Für Balthasar bedeutete es keineswegs einen Widerspruch, daß er im selben Brief Gott die Schuld am Scheitern der Kur geben und von ihm ihr baldiges Ende erhoffen konnte: wenn die Heilkunst fehlschlug – und das tat sie nicht eben selten im sechzehnten Jahrhundert –, so war da immer noch und nur noch Gott.

Im Juni 1594 begann Balthasar in Lucca unter der Aufsicht eines neuen Arztes eine lange Kur. Sie sollte sich – in Lucca und an den Quellen – über drei Monate hinziehen und nur sehr allmählich voranschreiten. Den Anfang machte eine Stafette milder Abführmittel; darauf folgte die Einnahme des Quellwassers; am Ende schließlich stand ein fast einmonatiger ununterbrochener Aufenthalt bei den Quellen. Voller Aufregung schreibt Balthasar von seinem neuen Arzt; er beschreibt ihn als *einen recht fleißigen Doktor (...), der meine Complexion und alle Sachen sehr wohl betrachtet und ausdenkt.* Deutlich ist, daß Balthasar dem Arzt vertrauen will, doch seine Erfahrungen mit der Fehlbarkeit des Ärztestandes halten ihn zurück. Ebenso, wie er stets zu Vertrauensbekundungen neigt, sobald Zweifel an Gott keimen, ist auch sofort Mißtrauen da, wenn ein Arzt seine Hilfe anbietet. Den Kampf um die Seelen des frühneuzeitlichen Europa focht der Arzt mit dem Wind im Gesicht. *Ich soll nun ihm darum vertrauen,* sagt Balthasar vom neuen Arzt, *daß er mir nichts Ärgeres raten wolle* – nicht gerade eine Zuversicht, mit der sich Berge versetzen lassen. Dennoch ist Balthasar voller Hoffnung, daß die Quellen von Lucca mit Hilfe eines befähigten Arztes diesmal bei ihm eine bessere Wirkung zeitigen als beim ersten Besuch; allerdings nur, wenn Gottes Segen auch dabei ist.

Die Kur begann mit Ruhe und Balthasars Eingewöhnung in Lucca, da er gerade von einer einwöchigen Geschäftsreise zurückgekehrt war. Über eine Spanne von elf Tagen nahm er dann neun verschiedene Heilsäfte ein – angefangen mit einem als *Manna Cabrina* bekannten sanften Abführmittel, einer ebenso angenehmen wie hochwirksamen Mischung aus dem Saft vieler Heilpflanzen, und gipfelnd in einem Spezialtrank, der ihn durch und durch reinigte, ohne ihn irgend zu schwächen. Alle Arzneien wurden je nach dem gerade regierenden Wetter verabreicht, das damals naßkalt und windig war. An fünf Tagen trank Balthasar morgens auch den Saft zweier großer Zitronen. Erst danach begann er, von den Quellen herbeigeschafftes Wasser zu trinken. Nach den Worten seines Arztes konnte die Kur nur gelingen, wenn sie langsam und mit Bedacht zu Werke gingen; dazu gehörte auch, daß seine Körperausscheidungen täglich untersucht wurden. Wenn ihm das Wasser guttun würde, so wollte der Arzt ihn im Monat August zu den Quellen schicken. Die Rolle, die Balthasar an diesem Punkt seiner Kur auferlegt wurde, war die der Mäßigung im Essen und Trinken; vor allem sollte er übermäßigen Genuß von Speisen am Abend vermeiden. *Ich befinde mich auch, Gott sei gelobt und gedankt, bisher noch sehr wohl dabei,* schreibt er, *derselbige verleihe mir weiterhin seinen Segen.*

Nach drei Wochen kann Balthasar mit guten Nachrichten aufwarten. Wenn er die langwierige Kur nicht auf sich genommen hätte, so hat ihm sein Arzt versichert, *würden die großen Unlüfte, die in mehreren Malen von mir kommen und, wie er sagt, mir um die Lebern gelegen haben, diese zu verstopfen und entzünden geholfen haben, so daß ich diesen Sommer ohne große gefährliche Krankheit nicht überstanden haben würde.* Er nimmt weiterhin Abführmittel, aber er hat auch schon fünf

Tage lang mit gutem Erfolg Quellwasser getrunken; das hat auch sehr viel Unflat von mir getrieben, wie dann [der Arzt] jeden Morgen hergekommen ist und es angesehen hat. Er hat mich heut, um zu ruhen, aussetzen lassen, dagegen aber klistiert, was auch einen großen Schleim hinweggezogen hat. Am nächsten Tag solle das Abführen aufhören und Balthasar nichts anderes mehr als Quellwasser trinken – drei Tage lang je zweieinhalb Liter. Am 27. Juni hat er seine letzte Kräuterdosis bekommen, ein Manna in Fleischbrühe, und das, so sagt er, habe ihn sehr purgiert. Wenn sein Geschäft es zuläßt, will er den größten Teil des Monats August bei den Quellen verbringen, wo die Luft zu jener Jahreszeit sehr viel gesünder als in Lucca ist, und dort glaubt er auch der Öde seiner Arbeit entkommen zu können. Es wird deutlich, daß die Tretmühle des Geschäftslebens ihm eine größere Belastung geworden ist als die Bäder. Vielleicht hoffte mit dem Verstreichen der Jahre auch Balthasar wie die meisten Bewohner Luccas, die die Quellen besuchten, dort ein bißchen Vergnügen zu finden.

An diesem Punkte der Kur empfahl sein Arzt, in den Stunden der Freizeit solle er lieber spazierengehen als Briefe schreiben. Spaziergänge seien entspannendere und kräftigendere Ablenkungsweisen und nicht so sehr dazu geeignet, das Gefühlsleben zu erregen und die Körpersäfte in Wallung zu bringen. Er [der Arzt] ist wohl mit mir zufrieden, daß ich ihm sonst in allem folge, nur sollte ich heute vor acht Tagen, als er purgiert, und heute, als er klistiert hat, mehr spazierengegangen sein als geschrieben haben, weil eben Schreibtage nicht sein sollen. Deshalb also sei der Brief so sehr kurz.

Magdalena verfolgte jeden Schritt in Balthasars Kur sehr genau – bis an die Grenzen der Einmischung. Sie weist Balthasar an, seinen Arzt über bestimmte Möglichkeiten zu befragen, ein Erstarken seiner rheumatischen Schmerzen zu verhindern. Sie möchte doch zu gerne wissen, was er von Ehrenpreiswasser hält und Lavendelzucker, einer Mischung, die sie täglich und mit gutem Erfolg als Ergänzung zu Rosenzucker um ihrer eigenen Gesundheit willen einnehme. Das könne auch Balthasar helfen, meint sie. Und was verschrieb der Arzt bei Erkältungen im Kopf? Sie kann sofort Ehrenpreiswasser hinschicken, wenn er es empfiehlt. Magdalenas Begeisterung für die zeitgenössische Medizin steht weit jenseits aller Zweifel und Vorbehalte Balthasars, aber immerhin scheint sie auch nie dem Regiment eines Thermalbads ausgesetzt gewesen zu sein. Den Reinigungsprozeß, den er durchsteht, beschreibt sie als ein Mittel Gottes, um ihn gnädig zu behüten, als könne er bei seiner Kur Gottes besondere Hilfe mit ebensolcher Gewißheit empfangen, als wenn er sie mit den heiligen Sakramenten aus den Händen eines Priesters entgegennehmen würde.

Bis Mitte Juli hatte das wochenlange Abführen Balthasar ausgetrocknet und seine Haut dem Juckreiz ausgesetzt, was durch die kräftige Hitze des Sommers noch verschlimmert wurde. Er müht sich, nicht zu kratzen, und freut sich, daß dies sein einziges Problem ist; allerdings vermutet er, es könne ihn zwingen, mit der Wasserkur früher als geplant zu beginnen, wenn sich nämlich ein Mittel gegen den Juckreiz nicht bald finde. Magdalena hatte gehofft, der Reinigungsprozeß in Lucca – Abführmittel, Klistiere und Wassertrinken – sei schon Kur genug. Die Nachricht von einem möglicherweise verfrühten Aufbruch zu den Quellen bereitet ihr Kummer, denn der Aufenthalt dort droht die Rückkehr nach Nürnberg hinauszuschieben: *wenn Du bald ins Bad mußt, wirst Du Dich gewißlich desto länger drin aufhalten müssen, wenn man – anders als in Carlsbad – warten muß, bis man wieder heil wird.*

Aber es fand sich ein einfaches und wirksames Mittel gegen Balthasars Juckreiz: ein einstündiges tägliches Baden in einer flachgefüllten Wanne mit erwärmtem Quellwasser. Er ging daher erst um den 20. August zu den Quellen, wo er mindestens bis Mitte September blieb. In seinem ersten Brief aus dem Bad berichtet er, daß er nun schon seit vier Tagen Wasser trinke und *gar wohl verdaue und passiere;* wenn er zum Mittagessen aufstehe, sei schon alles *von mir.* Er nimmt an, daß er noch drei bis fünf weitere Tage nur trinken und dann für eine Woche Quellbäder nehmen werde. Während seines Aufenthalts in Carlsbad im Sommer 1591 hatte er noch Anstalten getroffen, um durch das Heranschaffen von Geflügel das spartanische Leben zu mildern; nun läßt er die asketische Fuchtel der Bäder ganz und gar von sich abprallen. Er hat die Bekanntschaft eines nahen Verwandten des Bischofs zu Lucca gemacht, eines Mannes, der gewohnt ist, gut zu leben; und mit ihm trinkt und schlemmt er in einem nahegelegenen Wirtshaus. Immer noch stöhnt er über die hohen Kosten im Bad, und er hofft, innerhalb von zwei Wochen mit der Kur fertig und nach Lucca zurückgekehrt zu sein. In der Zwischenzeit reist sein Diener Caspar ständig zur Stadt und zurück, um ihm alles Nötige zu holen.

Leid ist ihm diesmal vor allem der völlige Mangel an irgendwelcher Unterhaltung. Die einzige Abwechslung, die ihn vor der seelentötenden Langeweile bewahrt, ist Glücksspiel um hohe Einsätze, bei dem die Beteiligten bis zu fünf- oder sechshundert Kronen in einem Spiel verlieren können – eine erkleckliche Summe, selbst für einen wohlhabenden Mann. Balthasar besaß weder das Temperament noch das Geld, um reulos in solcher Größenordnung zu spielen; er konnte und wollte nur ein Zaungast sein und behauptet, selbst das Zusehen würde ihn nicht gereizt haben, wenn es bei den Bädern nicht so langweilig gewesen wäre. Wahrscheinlich hätten viele Leidensgenossen seinem Beispiel folgen sollen. *Des Seufzens und Klagens ist bei denen, die verspielen, kein Ende nicht*, schreibt er. Sein eigener Zimmergenosse gehörte zu denen, die am meisten verspielten, und das wird die Spielerei für Balthasar um so spannender gemacht haben. Seine Beschreibung des Mannes entwirft einen zwanghaften Spieler, wie er im Buche steht. Obwohl er immer noch auf seinen ersten Gewinn wartet und bei der ersten Partei gleich fünfhundert Kronen verloren hat, bleibt der Mann überzeugt, die Karten würden ihn schon noch einmal begünstigen und seine Verluste ausgleichen. Inzwischen kann er weder schlafen noch essen, bevor er nicht gespielt hat. Beim Mittagessen denkt er nur daran, eine neue Spielrunde zusammenzubekommen. Schad für ihn, bemerkt Balthasar, denn er hat sechs Kinder. Er bekennt wohl, er tue Unrecht und müsse nachlassen, aber er kann sich dessen doch nicht enthalten. Er trinkt auch das Wasser; es kann und wird ihm aber wenig zulegen. Für Balthasar war die Wasserkur von Lucca schon Glücksspiel genug.

Das Ende seines Aufenthalts im Bad hinterließ einen bitteren Nachgeschmack. Nach elf Tagen Purgieren und Wassertrinken hatte er mindestens eine Woche lang zwei Stunden täglich gebadet. Obwohl er dieses Pensum pflichteifrig absolvierte, um damit seine Leber zu regenerieren, und noch nicht alle Hoffnung auf eine Besserung aufgegeben hatte, waren die Schmerzen plötzlich zurückgekehrt, und nun fürchtete er, sie nie mehr loszuwerden. Die hauptsächlichen Beschwerden betrafen wieder den Verdauungstrakt und rührten wohl von einer Magenschleimhautentzündung oder Magengeschwüren her; mit diesem Leiden plagte er sich schon seit Jahren. Mitte September verließ er die Bäder; Magdalena gibt er zu vernehmen, daß mir das Baden an meinem Magen gar nicht recht tun hat wollen, sondern Wehetum darin mitgebracht hat, so daß ich bald davon gelassen und mich wiederum [nach Lucca] herabbegeben hab. Ich hab meinen trocknen Fluß nicht hinwegbaden können, der mich noch stetig und nun oft allzuviel vexiert. Trotz der langen Kur wurde Balthasar nun so schlimm von rheumatischen und Magenschmerzen geplagt, daß er daran dachte, eine Geschäftsreise nach Genua abzublasen.

Zwei Jahre später aber – im April 1596 – war Balthasar wieder in den Bädern, diesmal im idyllischen deutschen Heilbad Langenschwalbach bei Mainz mit seinen kalten, eisenhaltigen Mineralquellen. Dort treffen wir wieder auf ihn, wie er im Namen des Herrn Wasser trinkt, Harn läßt, spazierengeht und schwitzt; vor allem ist er der tröstlichen Zuversicht zu Gott, die Kur möge diesmal einen guten und anhaltenden Nutzen erbringen. Je größer seine Zweifel an der Kur geworden waren, desto stärker bestimmte Gott seine Gedanken. Dennoch glaubt er, das Wasser von Langenschwalbach werde ihm guttun, wenn die kalte Quelle seinen Magen nicht *allzusehr kältet*. Wieder hofft er, eine Woche möge ausreichen, und auch das Wetter spielt mit. *Wenn es nicht hilft,* versichert er Magdalena, *kann man ja dem Wetter die Schuld nicht geben.* Die Unterkünfte sind besser als die von Carlsbad, und Langenschwalbach verfügt auch über viele reizvolle Spazierwege durch Wiesen, Wälder, Berge und Täler. Doch das Unternehmen läßt sich nicht gut an. Zu Anfang hat er zuviel getrunken, und nun nippt er nur noch am Wasser. Sein Zimmergenosse – ein wohlhabender Arzt, der ebenfalls kurt – kann selten mit ihm wandern, obwohl er es gerne täte, denn alles Wasser *bleibt bei ihm und verstopft,* so daß er die meiste Zeit an das Bett gefesselt ist. Wird es Balthasar als nächstem so ergehen? Die Wahrscheinlichkeit, das wußte er nur zu gut, sprach nicht für den Erfolg.

Aus dem Briefwechsel geht nichts über eine weitere Wasserkur Balthasars hervor, wenn das auch kein Grund zu der Annahme ist, er habe sich vor seinem Tod im Jahre 1600 nicht wieder ins Bad begeben. Das Schauspiel eines von den Quellwassern im Stich gelassenen Arztes mag ihm immerhin nachhaltig zu denken gegeben haben. Im Lichte seiner eigenen traurigen Erfahrungen könnte er das Leiden des Arztes sogar als poetische Gerechtigkeit empfunden haben. Wahrscheinlicher ist, daß das Vertrauen des Arztes in die Kur und seine Beharrlichkeit selbst angesichts ihres offensichtlichen Scheiterns Balthasar bestärkten. Die Alternativen zur Kur waren mindestens ebenso entmutigend. Ohne die Kur lag die eigene Gesundheit letzten Endes nur noch in göttlichen Händen, und Gottes Zeugnis war ein allzu gutes auch nicht. Alles in allem bestand die Kur ebensosehr aus dem Weg wie aus dem Ziel. Sie versetzte Balthasar in die Lage, in eigener Sache aktiv zu werden, etwas Handgreifliches für die eigene Gesundheit zu unternehmen, nachzudenken und mit Ärzten Informationen auszutauschen, neue Arzneien und Anwendungen auszuprobieren. Auch wenn die Kur am Ende keinen Erfolg zeitigte, ließ sie doch nie einen Menschen mit der Hoffnungslosigkeit allein. Die oberste Regel der Heilkunst im sechzehnten Jahrhundert hieß probieren und nochmals probieren, und die beste Kur war immer die nächste.

VI. GLÄUBIGE

In der Zeit Magdalenas und Balthasars war Nürnberg offiziell lutherisch. Nach dem Sieg der Reformation dort im Jahre 1525 hatte der Rat den katholischen Klerus und katholische Gottesdienste vollständig verbannt. Während der zweiten Hälfte des Jahrhunderts hatte sich eine stattliche Minderheit in der Stadt dem Glauben der Reformisten oder Calvinisten verschrieben. Von lutherischen Territorien und von Kritikern in der Stadt selbst, die die Konkordienformel unterzeichnet hatten, mit der sich eine konservative lutherische Doktrin durchsetzte, wurde Nürnberg standhaft als zu freisinnig in seinem Lutherismus und sogar als insgeheim calvinistisch angesehen. Obwohl Nürnberg nicht, wie der Großteil der lutherischen Welt, die Konkordienformel annahm, wußte der Rat nachhaltig alle Befürchtungen der lutherischen Verbündeten zu zerstreuen, die Stadt könne in den Calvinismus abgleiten. So unterdrückte sie beispielsweise in den 1580er Jahren die Versuche einer Gruppe zum Calvinismus neigender holländischer Tuchmacher, das Sakrament der Taufe in den Kirchen der Stadt zu boykottieren, da es mit dem lutherischen Ritus der Teufelsaustreibung einhergehe. In der Überzeugung, die in Erbsünde geborenen ungetauften Säuglinge seien vom Teufel besessen, stellten die Lutheraner ihrer Taufe eine Austreibungszeremonie voran. Für die Calvinisten war dieser Ritus anstößig und zu althergebracht; er widersprach ihrem Glauben, jede Seele sei durch Gott von Beginn an auserwählt.

Der feste Entschluß der Ratsherren, einen Kurs der Mitte zwischen liberalen und konservativen Lutheranern zu steuern, gewährleistete das Aufblühen eines breiten Spektrums protestantischer Meinungen unter den Klerikern und Intellektuellen der Stadt. Die Ratsherren hatten auch die fortdauernden politischen Verpflichtungen der Stadt dem katholischen Kaiser gegenüber zu regeln und gleichzeitig dem protestantischen Glauben der meisten Bürger Rechnung zu tragen – keine geringe Aufgabe für die vielleicht führende lutherische Stadt im Reich. Diese Gratwanderung wurde souverän bewerkstelligt. Nur für eine kurze Zeitspanne im Jahre 1548, nachdem das Reich kurzzeitig über die protestantischen Fürsten gesiegt hatte, gab es wieder die römische Messe in der Stadt. Als Kaiser Ferdinand I. 1559 Nürnberg besuchte und das Lesen der Messe verlangte, wurde das Ansinnen von den reformationstreuen Ratsherren abgewiesen. Allerdings gab es das ganze sechzehnte Jahrhundert hindurch immer noch einige ›neutralisierte‹ katholische Einrichtungen in der Stadt, die vom Rat sorgsam überwacht wurden. Der Orden der Ritter vom heiligen Johannes, ein der Heiligen Jungfrau verschriebener Laienkriegsorden, hatte in der Stadt seit dem dreizehnten Jahrhundert bestanden und überlebte die Reformation als aristokratische Enklave überkommener Frömmigkeit. Ein paar Mönchs- und Nonnenklöster blieben ebenfalls nach der Reformation bestehen; ihnen wurde die Existenz nicht bestritten, solange die Mitglieder freiwillig in ihren Mauern lebten. Zwar war die Aufnahme neuer Mitglider verboten, doch es gab gelegentlich Ausnahmen. Das Nürnberger Dominikanerkloster bestand bis 1543 fort, das Zisterzienserkloster bis 1562 und die Klarissinnen- und Katharinenkonvente bis 1596, als das letzte noch lebende Mitglied starb. Die Ordensbrüder und -schwestern in den Klöstern lasen für sich die Messe, und wie berichtet wird, nahmen daran heimlich und gesetzeswidrig auch viele Laien aus der Stadt teil, die sich zu den traditionellen Riten zurücksehnten.

Im Jahre 1593 kritisierte der päpstliche Sekretär für deutsche Fragen die Art und Weise, mit der Nürnberg in der Stadt lebende katholische italienische Kaufleute behandelte, die ein wichtiger Bestandteil seiner Geschäftswelt und seines kulturellen Lebens geworden waren. Ganz besonders wurde den Ratsherren die Weigerung verübelt, einem italienischen Priester in der Stadt Unterkunft zu gewähren, der Beichten abnehmen und die Messe lesen sollte. Die Nürnberger Katholiken konnten ihre Religion öffentlich und legal nur ausüben, indem sie in benachbarte katholische Territorien reisten. Einige Nürnberger Familien beteiligten sich am Unterhalt eines italienischen Priesters im nahegelegenen Buchenbach bei Erlangen im Bistum Bamberg, um regelmäßige katholische Gottesdienste in überbrückbarer Entfernung von der Stadt sicherzustellen. Noch eine weitere Möglichkeit bot die benachbarte Diözese Eichstätt, und Nürnberger Kaufleute, die regelmäßig die Frankfurter Messe besuchten, konnten dort die Sakramente erhalten. In Nürnberg selbst aber blieben katholische Gottesdienste streng untersagt – außer für die Klosterbrüder und -schwestern.

Im Jahre 1598 drohte Papst Klemens VIII. jedem Katholiken, der ohne päpstlichen Erlaß in Nürnberg wohnte, die Exkommunikation an – ein offensichtlicher Versuch, den Ratsherren durch die Bedrohung des einträglichen Nürnberger Italienhandels einige Zugeständnisse abzupressen. Die Drohung erwies sich aber als nahezu folgenlos, da das Schreckgespenst zerrütteten Handels mit der Stadt die katholischen Kaufleute zweifellos ebensosehr verunsicherte wie die Aussicht auf einen Bruch mit dem Papst. Nürnberg blieb eine große Protestantenstadt, und katholische italienische Kaufleute blieben weiter in ihr erfolgreich.

Die Oberherrschaft Gottes

Balthasar an Magdalena
am 9. November 1591 aus Lucca

Ehrbare und freundliche, herzliebe Magdel!

Dein Wohlergehen und das der Unserigen verlangt mich nicht wenig zu vernehmen; für mich danke ich dem lieben Gott. Am 6. dieses Monats schrieb ich Dir zuletzt, um meine glückliche Ankunft allhier anzuzeigen; seither habe ich kein Schreiben von Dir empfangen, so daß ich in diesem desto weniger zu schreiben weiß.

Dieser Brief geschieht, weil durch Vetter Hans Christoph Scheurl, der heute im Namen Gottes [nach Hause] reist, so eine gute Gelegenheit ist - unser Herrgott sei überall sein gnädiger Begleiter! Ich hab nicht umgehen können, Dich mit diesem Brief zu besuchen.

Ich hab eben noch die richtige Zeit erwischt, um bei gutem Wetter herzukommen. Denn an dem Tag, an dem ich gekommen bin, hat es angefangen zu regnen, sobald ich nur vom Pferd abgestiegen war, und es hat seither noch wenig anderes Wetter gegeben, wie es ja immer in den Winterszeiten hier gebräuchlich ist. So ist es wohl langweilig genug, ich muß mich aber darein schicken. Ich bin demnach noch am Einrichten und alles kommt mir gleich fremdartig an, weil ich schier aus der Gewohnheit gekommen bin. Es tät vonnöten, daß ich die Leute erst wiederum von neuem kennenlernte, da sich in den sieben oder siebeneinhalb Jahren, die ich nicht hier gewesen bin, dennoch viel hier verändert hat. Nun, es muß sich am Ende doch wohl alles schicken; wenn ich's angefangen hab, so will ich's, so Gott will, auch ausführen und vollenden.

Unserer Magd hier gefällt wohl, daß sie am Haus einen Knecht herbekommen hat, den ich zum Kellner gemacht habe, und sie trägt ihm eins nach dem andern auf. Er muß ihr schon das Bett machen helfen, und sie redet mit ihm, als wenn er die Sprache gleichwohl verstünde. Er wird's, weil er selber auch gute Lust dazu hat, bald lernen.

In diesen Landen haben wir in allem noch eine sehr große Teuerung. Wo die unsern den Weizen zum Brot für das Haus in der Ernte zwischen 25 und 26 Gulden pro Nürnberger Scheffel eingekauft haben, gilt jetzt zwischen 27 und 28 Gulden. Man berechnet, daß in einem Jahr ein Drittel des Volks in ganz Italien gestorben sei, da tut es hoch vonnöten. Wäre es nicht geschehen, so müßt's doch noch geschehen, denn da wäre für so viele doch nichts zu essen. Sie müßten doch Hungers sterben, wie denn ohnehin noch viele dranmüssen. Es ist eine augenfällige Strafe Gottes, daß durchaus in ganz Italien so große Hungersnot ist. Es ist auch noch die Zeit, auf schlechte Besserung zu hoffen, da in Sizilien, das sonst nicht allein ganz Italien, sondern auch ein gutes Teil Spaniens dazu mit Korn zu speisen pflegt, die Teuerung und Hungersnot am größten ist - in einem Maß, daß man des Samens, den man sonst aussäen sollt, nicht entraten kann, sondern ihn zur täglichen Ernährung haben muß, was eine üble Aussicht ist, denn da man nicht sät, kann man nicht einernten. So ist man jetzt allhier in diesem Land eben in der größten Saat, der das angefallene Regenwetter, wenn es so fortfahren sollte, übel bekommen würde. Es siehet also gar nicht so aus, daß so bald mit einiger Wohlfeilheit zu rechnen sei. Unser Herrgott erbarme sich der Armen und schicke bald gnädige Besserung! Amen.

Der Schreiner, der mir die nußbäumern Stühle und Tafel [= Tisch] gemacht hat, hat vor einem Jahr einen Nußbaum für mich gekauft und zu einer Sägemühle zum Schneiden gegeben. Da hat er mir hernach gesagt, daß er daselbst nicht geschnitten werden könne; weiß nicht, warum. Schick nach ihm und sieh darauf, daß er zu einer anderen Mühle nach Wöhrd hinaus gebracht werde.

Dem Balthaslein wollest Du sagen, er möge wohl fromm sein und flugs lernen, denn sonst will ich mit ihm nicht eins bleiben und ihm auch nichts mitbringen.

Ich weiß Dir, freundliche, herzliebe Magdel, mit diesem Brief abermals mehr nicht zu schreiben, als allein daß ich bitte, Du wollest Deine Brüder und Schwestern, Herrn Conrad Bair, Schwager Stephan Bair, meine Schwestern, die Tante Paulus Scheurlin, die Christoph Gröserin, Schwager Hans Christoph von Plauen und seine Pläuin, und in summa alle guten Freunde und Bekannten, die meiner im guten gedenken, fleißig von mir grüßen. Und sei Du auch zu vielen Malen freundlich und fleißig gegrüßt von mir und samt dem ganzen Hausgesinde, und wir alle Gott dem Herrn in Gnaden befohlen.

D[ein] getreuer l[ieber] Hauswirt
Balthasar Paumgartner der Jüngere

Balthasar und Magdalena äußern sich selten zu den Angelegenheiten, die die konfessionellen Institutionen bestimmen. Höhere Theologie und Kirchenpolitik waren ihre Sache nicht und wurden dem Klerus und den Ratsherren überlassen. Das wenige aber, was sie in kirchenpolitischen

Fragen sagen, deutet darauf hin, daß sie die kirchliche Machtausübung in Nürnberg keineswegs abschreckend oder auch nur autoritär fanden; ebensowenig dachten sie auf irgendeine Weise klerusfeindlich. Ob Balthasar nun in Nürnberg oder in Italien war, stets pflegte er freien und unbefangenen Kontakt mit katholischen italienischen Kaufleuten, von denen er drei namentlich und mit offensichtlicher Hochachtung in seinen Briefen erwähnt. Einer von ihnen, Torisani, dessen Unternehmung in Florenz ihren Sitz hatte, mag sogar sein Freund gewesen sein. Torisani lebte seit 1570 in Nürnberg, und er oder Angehörige seiner Unternehmung gewährten Balthasar und Magdalena oftmals Rat und Hilfe. Sie vermittelten ihnen Fenster für ihr Haus, liehen Balthasar Pferde und stellten Vetter Paulus Scheurl eine Kutsche als Transportmittel nach Frankfurt; hinzu kamen andere Dienste und Gefälligkeiten in Geschäftsangelegenheiten, die Balthasar mit gleicher Münze erwiderte. Im täglichen Leben eines Kaufmanns scheinen auf religiöse Parteitreue und Pflichterfüllung keine großen Mühen verwandt worden zu sein. Als im Dezember 1591 – Balthasar war gerade in Lucca – Papst Innozenz IX. starb, tat es Balthasar ohne langes Überlegen den Luccanern gleich und fastete in den zwei Tagen vor der Weihefeier des neuen Papstes. Er berichtet, er habe dem Papst in dieser Hinsicht mehr als 24 Stunden lang *wohl gedient,* gibt aber zu, nicht genau zu wissen, wie sein Diener Hans das Fasten angehe – ob Hans so streng protestantisch empfand oder einfach nur gerne aß, bleibt dahingestellt. Balthasar reklamiert auch, durch das Fasten habe er *meinen Schreibtag desto besser verrichtet* – ein Segen für die geschäftliche Korrespondenz also. In demütiger Einkehr hat er die Zeit ganz offensichtlich nicht verbracht.

Die wenigen direkten Stellungnahmen Magdalenas in kirchenpolitischen Fragen deuten Unabhängigkeit, Menschlichkeit und sogar einen Sinn für Humor an. Einmal bemerkt sie, Paulus Scheurl habe einst allen Calvinisten den Tod gewünscht, wohingegen er jetzt sogar einen von ihnen hofiert. Sie hatte dabei Anton Geuder im Sinn, einen der mächtigen dreizehn Altbürgermeister, der die Nürnberger Glaubenspolitik maßgeblich mitbestimmte. Anlaß für Magdalenas Bemerkung war ihr Ärger darüber, daß Scheurl Geuder zwei Fässer eines seltenen Weines gegeben hatte, den sie selbst hatte haben wollen. In der Welt um Magdalena und Balthasar regierte unter den Glaubenskonfessionen der Stadt – ob lutherisch, calvinistisch oder katholisch – ein pragmatischer Friede, der aus engen persönlichen Kontakten und wirtschaftlichem Eigennutz gespeist wurde.

Über andere institutionelle Religionsangelegenheiten konnte Magdalena scherzen – manchmal fast unflätig. In Anspielung auf den Bann des Klerus über jede Tanzerei in der Stadt, der eine Reaktion auf türkische Siege in Osteuropa war (der Klerus verhängte in Krisenzeiten solche Bußen gewohnheitsmäßig als gemeinschaftliche Bitte um die Gunst der Vorsehung), beschreibt sie die langweilige Verlobungsfeier der Schmitmers: man habe dort *so lange getratscht und die Männer so sehr getrunken, daß mich deucht, es wär nicht so sündhaft, wenn man davor getanzt hätte*. Magdalenas Kommentar kann durchaus als ein bissiger aufgefaßt werden, wenn man sich ihrer eigenen Vorliebe für das Tanzen erinnert. Bei anderer Gelegenheit berichtet sie vom bevorstehenden Begräbnis der Frau Martin Hallers, die nach langem Kampf gegen die Ruhr schließlich gestorben war. Von anderer Seite hörte Magdalena, während der letzten Lebenswochen, als Frau Haller anscheinend häufiger in der Kirche war, habe sie ihren Darm nicht mehr kontrollieren können. *Man sagt jetzt, in der Kirchen haben die Stühle angeschlagen mit jedem Lachen; das hat sie gewonnen ohne Kirchengeld*. Entweder hat Magdalena Frau Haller als jemanden angesehen, der sich seinen Weg in den Himmel erkaufen wollte, oder es zeigt sich hier bei ihr eine leicht antiklerikale Haltung.

Wenn die institutionelle Seite des Glaubens keine besondere Rolle in Magdalenas und Balthasars Briefwechsel spielt, so gilt für die private Seite der Religion mit Sicherheit das Gegenteil. Beide sind sie wahre Gläubige, die auf der Grenze zwischen Erfolg und Scheitern, Krankheit und Gesundheit, Leben und Tod beständig zu Gott finden – und ihn machen sie für alles verantwortlich. Für sie ist Gott die einzige spirituelle Gewalt in der Welt und die alleinige übersinnliche Macht, die frei im Universum waltet. Nie erwähnen sie in ihren Briefen konkurrierende übersinnliche Gewalten, obwohl Hexen und Dämonen Gegenstände allgemeinen Interesses waren und gelegentlich in öffentlichen Predigten und Flugschriften behandelt wurden. Ihre persönlichen Schicksalsschläge, Begebenheiten in ihrem Leben, die jenseits ihrer Einsicht und Kontrolle liegen, werden als Eingriffe und Heimsuchungen Gottes aufgefaßt – sei es eine gescheiterte Kur, ein entgangener Geschäftsabschluß oder der Tod des einzigen Kindes. Gott stellen sie sich als ein vollkommen allmächtiges Wesen vor, das das Menschengeschick auf Erden und bis in alle Ewigkeit in der Hand hält – gerecht im Guten wie im Schlechten, je nach seinem eigenen unermeßlichen Willen. Als im Jahre 1591 eine Hungersnot ganz Italien trifft und ein Drittel der Bevölkerung hinzuraffen droht oder als Spanien von einer Dürre verwüstet wird, weiß Balthasar die Ursache und auch den Urheber: in beiden Ländern straft Gott handgreifliche Sünden. Als 1596 in Deutschland, Italien und Frankreich die schlechteste Weinernte seit zwölf Jahren nur teuren und säuerlichen Wein hervorbringt, erklärt der trinkfreudige Balthasar das zur augenscheinlichen Strafe Gottes: um unserer Sünden willen, daß man solchen [Wein] gar so überflüssig mißbraucht. Als die Schmerzen einer Entzündung am Harntrakt Frau Behaim Tag und Nacht schreien lassen und ihr Arzt keine Linderung schaffen kann, ist Magdalena überzeugt, daß dieses Leiden zum Teil die Strafe für ihr untreues Herz sei – eine Anspielung auf irgendein nicht näher bezeichnetes, aber Magdalena gewiß wohlbekanntes moralisches Fehlverhalten.

Regelmäßig bitten Balthasar und Magdalena für verstorbene Freunde und Bekannte um Gottes Gnade. Für diejenigen, denen sie besondere Zuneigung entgegenbringen, bitten sie immer wieder. Der Allmächtige sei ihm wie uns allen gnädig und barmherzig und verleihe nach diesem Leben das ewige, schreibt Balthasar, als der Kaufmann und Freund Sebastian Imhoff in Lyon stirbt. Der ewig gütige Gott verleihe ihnen und uns allen eine fröhliche Auferstehung, ruft er aus Anlaß des Todes seiner Tante Nützel und der Frau von Georg Volckamer aus. Bei drei verschiedenen Gelegenheiten wünscht Balthasar seinem teuren verstorbenen Freund Conrad Bair, Gott möge ihm und uns allen gnädig und barmherzig sein und dann in Christo eine fröhliche Auferstehung verleihen! Als Magdalena die Nachricht vom Tod der Tante Nützel kundgibt, ist sie froh, auch berichten zu können, die Frau sei herzlich gern gestorben und habe nur um Erlösung gebeten. Magdalena ist sicher, Gott werde ihr die fröhliche Auferstehung gewähren, die ihr irdisches Leben wohl verdiene.

Von solchen formelhaften Wünschen wimmelt es in der Korrespondenz, denn das Paar bekennt sich zu der Zerbrechlichkeit des Menschendaseins, die den Menschen der frühen Neuzeit als die größte und unumstößlichste aller Gewißheiten erscheinen mußte. Darüber machen sich Balthasar und Magdalena viele und gründliche Gedanken; für sie ist diese Erkenntnis der Ursprung des Glaubens. Im Gedanken an das Vergehen so vieler Jugendfreunde eröffnet Balthasar seiner Frau: Also in summa ist in dieser Welt eben nichts Beständiges, weswegen wir ja billigerweise mehr auf das Ewige als das Zeitliche bauen sollen. Der ewig gütige Gott sei ihnen wie uns allen gnädig und barmherzig und verleihe nach diesem vergeblichen Leben die ewige Seligkeit. Ein andermal erlaubt Balthasar sich, angesichts des Todes seiner lieben Tante Nützel innezuhalten und daran zurückzudenken, wie sie ihm seit seiner Jugend eine verläßliche Ratgeberin und freigebige Freundin gewesen ist. Plötzlich reißt er sich aus seiner Träumerei dann aber hoch und stellt sich mit einem scharfen Ordnungsruf der unumstößlichen Wahrheit: darum ist in dieser Welt auf Menschenhilf doch nicht zu bauen – die nämlich, wie Balthasar nur zu genau weiß, von heute auf morgen versiegen kann. Sie mag an einem Tage etwas ausrichten und am nächsten schon versagen.

Nach Magdalenas und Balthasars Überzeugung ist Gott ebenso gut und barmherzig wie allmächtig und frei – ein Wesen, das in eigener Regie agiert, ohne gefragt werden zu müssen, und das auch direkt auf Gebete und Anrufungen reagiert. Abwechselnd flehen die beiden entweder Gott um einen besonderen Dienst an, oder sie danken ihm für das schützende Einschreiten, das ihnen, wie sie glauben, unverdient und ohne Aufforderung zuteil geworden ist. Wenn Balthasar auf Reisen ist, betet Magdalena täglich für ihn in der Überzeugung, der Dich in schwerer Zeit [nach Lucca] hineingebracht hat, wird Dich mit seinen lieben Engeln wiederum herausgeleiten. Als Balthasar seine erste Kur bei den Quellen von Lucca beginnt, hofft sie, Gott der Allmächtige werde mein herzliches Gebet erhören und Dir Deine Gesundheit durch christliche Mittel wieder bescheren, wo es ja hier [in Nürnberg] nicht hat sein sollen. Gott wolle Dich dabei alle Zeit erhalten und mit Freuden wieder zu mir bringen. Magdalenas Fähigkeit, die Heilquellen als christliche Mittel anzusehen, zeigt das Ausmaß ihres Vertrauens in die zeitgenössische Heilkunst der Reinigung. Klistiere, Aderlaßgefäße und Schwefelwasser sind für sie genauso Teil des göttlichen Hilfsarsenals gegen körperliche Übel wie die Bibel und ihre Gebete, und Versäumnisse in jenem Bereich sieht sie als genauso verhängnisvoll für das persönliche Wohlergehen an wie solche in diesem.

Je hoffnungsloser eine Situation ist, desto bedingungsloser stützen sich Magdalena und Balthasar auf Gott. Als Magdalena am Krankenlager der alten Frau Behaim saß und zwei Nächte hintereinander ihre trostlose Quälerei mit ansehen mußte – so sehr brennt ihr das Wasser im Leibe –, bat sie: Gott helfe ihr, es zu überwinden, und behüte uns vor solchem Schmerz! Das gleiche fürbittvolle Mitleiden ließ sie dem an Brand leidenden Kind von Roggenbachs Schwester zuteil werden, als es im Sterben lag, und als der verwüstete

Körper des alten Bair vor Magdalenas Augen dahinfaulte und er soweit war, daß er ihr Gesicht nicht mehr erkannte, drängte sie Gott, er möge dem Leiden ein rasches Ende setzen. Die Welt Balthasars und Magdalenas war so eingerichtet, daß Sicherheit und Unglück immer nur um eine wohlfeile göttliche Entscheidung voneinander entfernt blieben. Wir sitzen ja hier wohl im Rosengarten, schreibt sie Balthasar an einem freundlichen Januartag des Jahres 1592, verglichen mit der teuren Zeit, die ihr [in Italien] habt. Es muß wohl ein erbärmliches Leben sein, wenn die Leut so Hungers sterben. Gott behüte uns gnädig vor solchem Jammer! Mit derselben religiösen Ader befiehlt Balthasar gerne seine Gesundheit in die Hände Gottes als dem besten Arzt. Im Lichte seiner eigenen Krankengeschichte scheint es, als habe er dies kaum weniger aus Verzweiflung als voller Hoffnung getan. Der Magen und der Kopf wollen es nicht allzeit recht tun, schreibt er am Ende seiner ersten Kur aus Lucca, ich befehle es jedoch dem lieben Gott, der kann es nach seinem göttlichen Willen bald enden. Als seine Zähne plötzlich vom großen Schmerzen befreit werden, schreibt er das Gott zugute.

Balthasar sah die Welt mit den Augen eines Kaufmanns, und daran lag es vielleicht, daß er sich Gott als einen geschickten Unternehmer vorstellte, wenn er sich entschloß, in die Angelegenheiten der Menschen einzugreifen und Balthasars Gegner zu lähmen. Als Balthasar nach einer Erklärung für die mehr als einmal bewiesene Fähigkeit seines Vaters sucht, seine hoffnungslos ruinierte Gesundheit wiederherzustellen, bringt er göttliche List ins Spiel. Ich glaube freiweg, daß unser Herrgott diesem Mann etwas zugebe, nur um anderen Leuten [politischen Feinden in Altdorf], die seinen Tod gern sähen, ihre Weile mit ihm um so länger werden zu lassen.

Magdalena und Balthasar zweifelten weder an Gottes Macht noch an seiner Güte. Ihr Gott ließ die Menschen nie ohne Hoffnung; andererseits konnte man sich seines guten Willens und Wohlwollens nie sicher sein. Obwohl er in der

Lage war, jeden Schmerz zu lindern und jede Krankheit zu heilen, tat Gott das ganz offensichtlich nicht immer. Was er im Mysterium seines Willens für gut befand, wurde von seinen Geschöpfen oft nicht so erlebt; dennoch hatten sie es anzuerkennen und zu tragen. Magdalena und Balthasar entscheiden sich für den einzig vernünftigen Weg, der menschlichem Handeln in einer solchermaßen göttlich bestimmten Welt bleibt: wenn ein Unglück eintritt, hoffen sie das Beste und rechnen mit dem Schlimmsten. Balthasars Kommentar zum Tod seines Sohnes umreißt präzise die zweischneidige Lage, in der sie sich vor Gott befinden. Als er von Magdalena erfährt, des kleinen Balthasars Tod stehe bevor, schreibt Balthasar ihr von seinen Plänen, sofort nach Hause aufzubrechen. Er weiß nicht, daß sein Sohn zu diesem Zeitpunkt schon nicht mehr lebt. So schätzt er ihre Situation ein:

Wenn der allmächtige gütige Gott und Vater nicht besondere Gnade und Hilf erzeigt, ist doch alle weitere menschliche Hilfe [der Ärzte] **bei ihm verloren. Nun, er ist der höchste und beste Arzt, der, wenn er will, noch gut helfen kann. Darum hab ich noch (wiewohl kleine) Hoffnung, solange der Atem noch in ihm ist, unser Herrgott schicke es nach seinem gnädigen väterlichen Willen, in den wir uns alle willig ergeben sollen, nochmals zum Besten!**

Magdalena und Balthasar fassen Gott natürlich nach den Gegebenheiten ihrer eigenen Lebenswelt auf; ihr Verständnis der Gottheit scheint aber auch von den Lehren der Nürnberger Pastoren geprägt zu sein. Die Oberherrschaft Gottes über weltliche Angelegenheiten war ein fundamentaler Lehrsatz des lutherischen Klerus. Im Jahre 1590 erkundigte sich die Stadt Weißenburg über die Nürnberger Ratsherren nach der Meinung des Klerus zur Macht von Hexen; man wollte wissen, wie man mit ihnen umgehen solle. Die Weißenburger suchten damals nach Handlungsanweisungen, weil das Interesse des Volkes an Zauberei und Hexenkunst zunahm und in Teilen Frankens die öffentliche Hexenverfolgung begann. Der Klerus nahm die Anfrage zum Anlaß, um sich über die Herrschaft Gottes zu verbreiten. Pflichteifrig übermittelte er seine Meinung den Ratsherren, die sie wiederum an ihre Weißenburger Kollegen weiterleiteten.

Diese Anleitung kursierte damals nur privat. Erst 1613 erschien sie als volkstümliche Flugschrift unter dem Titel »Gründtlicher Bericht, was von der Zauberei und dem Hexenwerck zu halten sei. Einhellige Antwort der hochgelehrten Theologen und Predicanten zu Nuremberg« und trug die Unterschriften des Nürnberger Kirchensuperintendenten sowie der Pastoren aller fünf Kirchen. Der »Bericht« veranschaulicht die Haltung der volkstümlichen Theologie in dieser Sache, wie sie Laien wie Magdalena und Balthasar gepredigt wurde. Er stellt die Hexerei als eine zum größten Teil unwillkürliche Verblendung hin, die einfältige, unwissende, trübsinnige, verarmte und/oder kranke Menschen befalle. In allen Fällen (einige ganz außergewöhnliche ausgenommen) empfehlen die Kleriker Behandlungen und Strafen, die hinter der Todesstrafe weit zurückbleiben. Ihr höheres Anliegen ist es, der Ansicht zu widersprechen, der Teufel und seine Hexen verfügten über eine eigene Zauberkraft, mit der sie nach ihrem Willen Böses in der Welt geschehen lassen könnten. Nach dem Standpunkt der Pastoren ist Gott die einzige und unbestrittene Kraft hinter allen weltlichen Ereignissen, welche Ergebnisse sie auch immer zeitigen mögen.

Was immer Satan in der Welt treibt, hat Gott ihm zu tun vorbestimmt. (...) Satans Treiben hat mit Kräften, die in seiner eigenen Macht stehen, nichts zu tun, sondern geschieht nur auf Geheiß Gottes. Satan kann nicht mit seinen Taten prahlen, als wären sie aus eigener Kraft getan, als könne er selbst ohne Erlaubnis des Allmächtigen aus freien Stücken denken und lenken. Dasselbe gilt wahrhaftig auch vom bösen Hexenzauber. Wenn sie sagen, sie hätten Menschen und Vieh und anderen

Wesen übel mitgespielt, indem sie Unwetter und Feuersbrünste heraufbeschwören, so ist das nur ihre Blindheit und Verblendung. Nicht einmal der Teufel hat Macht und Willen, um solcherlei Werk zu verrichten; desto weniger vermögen sie es.

Auf diese Weise verhöhnten die Nürnberger Kleriker den Gedanken, Satan und seine Gefolgsleute hätten freien Zutritt zur Welt. Sie nehmen den bloßen Fortlauf des Lebens und die Überzeugungskraft so vieler glücklicher Fügungen als unumstößlichen Beweis für Gottes Kontrolle über Satans Zorn und für die göttlichen Schranken vor der satanischen Zerstörungskraft. Allem Anschein zum Trotz sei es Gott, der alles geschehen lasse, und zwar zum höheren Wohle der Schöpfung.

Diese Botschaft machten sich Magdalena und Balthasar lange Zeit zu eigen. Die einzige Erwähnung des Teufels im Briefwechsel findet sich in Magdalenas Wiedergabe eines Ausrufes aus dem Munde ihres nichtsnutzigen Schwagers Caspar: *o nein, oder hol mich der Teufel* – Caspar hatte wieder einmal seine Verwandten zu überzeugen versucht, er könne sein Wort halten. Weder Magdalena noch Balthasar erwähnen den Teufel aus eigenem Antrieb, und wenn sie an Hexenkunst und Zauberei glaubten, so äußern sie sich jedenfalls nie dazu. Für sie zieht nur Gott die Fäden der weltlichen Dinge. Ihre eine, letzte Sorge gilt dem Wunsch, er möge diese Fäden zu ihrem Wohle ziehen, so daß die Folgen sich ihnen als ebenso erfreulich darstellen, wie sie es für Gott selber wohl sind.

Daß Gott auf Gebet und Buße reagierte, war ebenfalls eine unumstößliche Lehrmeinung der Volkstheologie, die der Nürnberger Klerus dem Laienstand predigte. Dies läßt sich besonders in den 90er Jahren des sechzehnten Jahrhunderts verfolgen, als türkische Heerscharen ganz Ungarn zu überrollen und nach Westeuropa einzufallen drohten. In diesen Jahren richteten die Kleriker eigens besondere Gottesdienste aus, um zum Wohle des Westens ein himmlisches Einschreiten zu erreichen. Zu den Mitteln, die in Nürnberger Kirchen ergriffen wurden, gehören neue Sonntagspredigten und verlängerte, das ganze Stadtgebiet erfassende Gebetswachen an den Wochentagen (eine Viertelstunde lang, doppelt so lang wie üblich). Magdalena dokumentiert als eine Art Nachrichtenbörse für Kriegsneuigkeiten die Angst und Unruhe, die in der Stadt herrscht. Ihre Briefe halten Balthasar auf dem laufenden über die Ankunft und Abreise von Fürsten und Kriegstruppen, die auf dem Weg zur Türkenfront in Nürnberg aufmarschieren. Wir erhalten lebhafte Beschreibungen von der Ausbildung der Kämpfer, die mit ihrem Putz aus rotweißen Uniformen, gespitzten Helmen und Musketen die Stadt in Aufregung versetzen, wenn sie am Ende Nürnberger Gassen Übungsschießen auf Zielscheiben und gelegentlich auch auf ziehende Wildgänse veranstalten. Nichts schreckte Magdalena mehr als der Gedanke an eine türkische Herrschaft; *es wär noch besser, die Pest kommt, als der Türke.*

Magdalena brauchte freilich nicht erst solche außergewöhnlichen geschichtlichen Ereignisse, um ihre Gedanken an Gott zu wenden. Im Jahre 1588 bittet sie Balthasar, er möge ihr in Lucca *das Alte Testament kaufen mit Psalmen und Propheten, denn wir bedürfen seiner oft.* Zu den Waren, die er ihr 1596 zur Auslieferung schickte, gehörte eine deutsche Bibel. Magdalena ruft eine biblische Anspielung zu Hilfe, um die Vorbereitungen für den Türkenkrieg zu beschreiben: *Es ist wohl jetzt die rechte Zeit, von der der Herr Christus sagt, daß man hören werde Krieg und Kriegsgeschrei.* Als aus dem Kriegsgebiet schlechte Nachrichten eintreffen, gehört sie sofort zu den Betfreudigsten. *Wir haben große Ursache, ohn Unterlaß zu beten,* drängt sie; *Gott erbarm sich und helfe zu seiner Zeit um der kleinen Kinder willen.* Als sie – ohne Überraschung, wie sie behauptet – davon erfährt, die kurz zuvor in Nürnberg bei einem vom Kaiser zur Sammlung frischer Truppen für die Türkenfront einberufenen Reichstag versammelten Fürsten und Würdenträger hätten nur gegessen und getrunken (die Fürsten haben einander schlaftrunken gehalten wie Stallknechte), erklärt sie: Da muß denn Gott kommen und es ihnen ernst machen. Wenn nur die Unschuldigen nicht mit den Schuldigen gingen - Gott helfe uns gnädig!

Trotz ihrer häufigen Anrufungen um göttlichen Beistand sahen weder Magdalena noch Balthasar Gebet und Buße als sichere Wege an, um sich himmlischen Wohlwollens zu versichern. Solche Maßnahmen galten, wie Balthasar es sah, nur der rechtmäßigen Anerkennung göttlicher Herrschaftsgewalt über die irdischen Grenzen hinaus. Die beiden hatten schon zu viele unschuldige Verwandte und Freunde leiden und sterben gesehen, trotz aller Gebete, um anders zu denken. Ganz gleich, was die Sterblichen tun, ob sie nun auf den Knien oder den Füßen sind, sie unterliegen der göttlichen Gnade – daran zweifelten Magdalena und Balthasar nicht im geringsten.

Selbstvertrauen

Magdalena an Balthasar
am 13. September 1592 aus Nürnberg

Ehrbarer, freundlicher, herzlieber Paumgartner!

Dein Schreiben ist mir vergangenen Samstag wohl zugekommen; daraus vernahm ich mit Herzensfreuden Deine Wohlhinabkunft [nach Frankfurt] und dann, daß Du nunmehr in großer Mühe und Arbeit bist. Gott helfe, daß es alles wohl zugehe und verrichtet werde und wir mit Freuden wieder zusammenkommen, wiewohl uns Gott einen schmerzlichen Riß* durch unsere Freude getan hat, in der wir zuvor immer freudenreicher zusammengekommen sind, als es jetzt leider geschehen wird. Doch durch die starke Hoffnung zu Gott, die wir haben, kann es wieder dazu kommen. Amen.

Herzlieber Paumgartner, ich hab die Neuigkeiten in Deinem Schreiben gern gelesen, und auch daß die Quitten nicht geraten seien.

* Der Tod des kleinen Balthasar.

Du mögest aber doch sehen, daß wir wenigstens dreihundert haben können, wenn es nicht mehr sein können. Wenn Du auch für Dich nach Regelbirnen* gefragt hätteft, hätteft Du wohl getan; und auf der Reife follteft Du Meffer kaufen für das Gefindel oder fchlichte Volk. Du wolleft auch des Zuckers nicht vergeffen.

Ich hab heute auch der alten Köppelin nach Schlackenwalde gefchrieben, daß fie mich nicht vergeffe mit dem Flachs; ich fchick ihr ein Dutzend Lebküchlein, daß fie defto eher dran denkt.

Auch hat Herr [Hieronymus] Kress heut wieder einen Sohn bekommen; er hat nun fünf Söhne, und er könnte wohl einen mit uns teilen, wenn das gelten würde. Finold hat ihn [aus dem Taufwasser] gehoben [als Pate]; das Kind heißt Joachim Friedrich. Ich bin gerade zur Kindtaufe gewesen.

Morgen früh foll ich mit dem Christoph auf Vogelfang fahren.

Ich muß Dir's gleich als neue Nachricht fchreiben, daß wir gottlob jetzt feit drei Tagen wieder fchönes Wetter haben, da wir feit Deinem Verreifen nur stetiges Regenwetter gehabt haben, welches, wenn es länger gewährt hätt, bald etwas hätt erwecken dürfen.** Denn es hat immer nur geregnet, daß es gepatfcht hat.

Und ich hab auch gehört, daß es drunten zu fterben anfange.*** Ich bitt Dich derhalben, herzliebfter Schatz, Du wolleft auf Dein Wohl achtgeben und nicht nüchtern ausgehen, bevor Du was ißt.

Es ist mir auch die Woche leid gewefen um Deinen Vater, der nicht wohlauf gewefen ift. Aber gottlob haben wir heute Botfchaft, daß er wieder ein wenig feiner ift. Es hat mir ein Leid bereitet, daß Du nicht hier bift und daß wir nicht zu ihm hinaus können, weil es nunmehr mit ihm zu Ende geht.

Jetzt grade, wie ich Dir fchreiben will, kommt ein Faß Wein; als ich's einlegen will, kommt mir ein Brief von Dir, worüber ich erfreuet bin. Du wirft mein voriges Schreiben nunmehr wohl auch empfangen haben. Und das Faß Wein, das gekommen ift, hält um die vier Eimer [360 Liter].

So hab ich feit Deinem Verreifen von Adam Stutzer nichts

---
* Eine Art Königsbirnen.
** Neben Überschwemmungen wurden auch Pest und Krankheit mit unablässigem Niederschlag in Zusammenhang gebracht.
*** In Italien fiel die Pest ein.

[über die Pferde] gehört, er ist nicht dagewesen. Es wird vielleicht der Bote aus Salzburg noch nicht gekommen sein, weswegen ich Dir nicht gut raten kann, [die Pferde in Frankfurt] zu kaufen. Wenn Du vielleicht vier Rösser zusammenbrächtest, wird man Dir für die zwei Braunen desto weniger geben wollen. Doch steht es Dir zu; wie es Dir gefällt, so mir auch.

Ich hab Dir auch, herzlieber Paumgartner, in meinem ersten Brief wegen zwei oder drei Ellen Leinwand für mich geschrieben; ich meine, daß ich's nicht vergessen hab, und zweifel doch. Du mögest nur eine für ungefähr zehn oder zwölf Batzen nehmen, dann darf ich sie auch für Göller* verwenden.

Und ich weiß Dir sonst, herzlieber Schatz, für diesmal nichts anderes mehr zu schreiben, als daß unser größter Fang an Vögeln am Sonntag fünfzehn Stück waren. Heut um sechs fängt es gleich wieder an zu regnen. Gotte gebe uns bald wieder schönes Wetter!

Du sollst also von mir, herzliebster Paumgartner, freundlich und fleißig gegrüßt und Gott dem Herrn in Gnaden befohlen sein.

Magdalena Balthasar Paumgartnerin

Die mangelnde Verläßlichkeit göttlichen Beistandes machte Magdalena und Balthasar nicht zu Zweiflern und Gegnern der Kirche. Ihre persönliche Erfahrung von der Oberherrschaft Gottes bestätigte ihnen, was die Geistlichkeit sie gelehrt hatte: man mag Gott anflehen können, aber nicht dirigieren; er ist einerseits allgewaltig und frei, andererseits gnädig und gut, und seine tägliche Herrschaft auf Erden bleibt vollkommen unvorhersehbar – manchmal bereitet er überraschende Wohltaten, manchmal erschreckende Enttäuschungen.

Als heutiger Leser könnte man vermuten, der sich auf eine solche göttliche Instanz richtende Glaube würde die Tatkraft hemmen und die Verzweiflung nähren. Magdalena und Balthasar bezogen daraus im Gegenteil Entschlossenheit und Tatenreichtum, frische Kraft und neue Selb-

---

* Ärmelloses Hals- und Schulterkleid.

ständigkeit. Sie schufen ihr eigenes Leben nach dem Bilde ihres Schöpfers und ewigen Nährbodens. Wenn sie auch an Gott glaubten und nach seinem Gesetz zu leben trachteten, warteten sie doch nicht einfach nur auf sein Eingreifen, wenn es um ihre Gesundheit und ihr Glück ging. In allem, was sie selber betraf, hatten sie seine Erlaubnis, ihr Leben zu verwalten, frei und zielbewußt auf eigene Rechnung zu handeln, sich zur Ader zu lassen und ins Bad zu begeben und Geld zu verdienen. Also machten sie das Beste aus dem, was sie hatten, sei es eine Kur, der Handel oder das Gebet. Indem sie das taten, achteten sie darauf, ebenso ehrfurchtsvoll wie unternehmungsfreudig zu sein. Der Einfallsreichtum und die Spannkraft für ihre Unternehmungen waren, wie sie gut wußten, ihr eigenes Vermögen, aber stets sahen sie die Ursache aller Resultate ihres Handelns in Gott, dessen Herrschaftsgewalt über das Leben sie anerkannten – im Dankgebet, wenn sie Erfolg hatten, und im Schuldbekenntnis, wenn sie scheiterten oder einem Mißgeschick erlagen. Am Ende verteilte Gott alles mit unfehlbarer Hand; solange aber, bis er einschritt, sahen Magdalena und Balthasar ihren Lebensweg zu einem gut Teil als ein Vorhaben ihrer selbst an.

Balthasar offenbart das während seiner ersten Trennung von Magdalena nach ihrer Hochzeit, und er macht auch deutlich, bis zu welchem Grade sie beide sowohl in ihrem ehelichen wie in ihrem religiösen Verhalten auf sich selbst vertrauen. Magdalena hatte ihm geschrieben, wie sie es in seiner Abwesenheit mit vielen privaten und geschäftlichen Angelegenheiten gehalten hatte. Solcher Eifer befriedigte Balthasar, der nichts anderes erwartet hatte. Er pries Magdalenas Fähigkeiten in Formulierungen, die eine Parallele zwischen ihrer Beziehung zu Gott und derjenigen zu ihm ziehen. *Der allmächtige ewige Gott möge uns zu allem Gnade, Glück, Segen und Gedeihen geben und mitteilen; Du aber wollest Dich unterdessen auch hüten und nicht selber zu Widerwärtigkeiten Ursache geben, und ich will davon überzeugt sein, daß Du alles von selber tun wirst.* Balthasar hält Magdalena hier dazu an, Gott und ihrem Mann zu vertrauen und sich in deren Abwesenheit so zu verhalten, daß beide zufrieden sein können; er vertraut darauf, sie werde ihr eigenes Leben bewältigen, und zwar genauso geschickt wie ein Mann. Wenn Gott und Balthasar dann aber anwesend sind oder es einem von beiden gefällt, in Magdalenas Leben einzugreifen, werden sie schon um sie besorgt sein – der Freiheit und Güte des jeweiligen Willens gemäß. Solche Aufmerksamkeit wird Magdalena aber als selbständiger Partnerin innerhalb einer festen Verbindung zuteil und nicht als einem willenlosen Wesen ohne ausreichende Triebkraft oder eigenen Orientierungssinn.

Magdalenas innerste Überzeugungen drücken sich in aufschlußreichen Sprichwörtern aus. Eines ihrer liebsten lautet: *Es muß doch immer etwas überzwerch gehen.* Das wird sie sagen, wenn Balthasar, ihr Sohn, in Abwesenheit des Vaters krank wird oder wenn sie erfährt, ihr Mann müsse mit einem kränkelnden Pferd reisen. Auf diese Weise erkennt sie die Herrschaft zweier bestimmender Lebensumstände an: Unberechenbarkeit und Unsicherheit. Das war etwas, was sie und Balthasar ebenfalls als Zeichen freier himmlischer Entscheidungs- und Herrschaftsgewalt über die Welt ansahen. Was auch immer geschah, sei es schmerzlich oder angenehm, akzeptierten sie sofort und fast philosophisch als Ausdruck des göttlichen Willens. Für sie blieben Gott und die Welt voller Überraschungen. Solche Eingriffe und Störungen, sosehr sie einen auch aus dem Gleichgewicht bringen und oftmals in Bestürzung versetzen mochten, ließen sie doch auch im Angesicht von Tragödien nie als Besiegte oder Fatalisten zurück. Vor allem Magdalena kam über jedes Unglück rasch hinweg.

Dasselbe Sprichwort blitzt anläßlich eines moralischen Zwiespalts auf, dem sich Magdalena mehrmals ausgesetzt sah. Im Herbst des Jahres 1591 überredete Vetter Paulus Scheurl sie, einer seiner angeheirateten Verwandten Unterkunft und Pflege zu gewähren: der Frau Tobias Kastners aus Engelthal, die an Schwindsucht dahinsiechte.

Es muß doch immer etwas überzwerch gehen, schreibt sie Balthasar, als sie ihm ihre nachträgliche Meinung über ihr Einverständnis mit der Regelung mitteilt. Angesichts eines bevorstehenden zweiwöchigen Aufenthalts, während dessen Frau Kastners Arzt sich für mögliche Maßnahmen zur Heilung ihres Verfalls entscheiden sollte, quälte sich Magdalena mit dem Gedanken, es gebe doch kaum noch Hoffnung auf Genesung und sie, Magdalena, werde wahrscheinlich am Ende die Frau bis zu ihrem langsamen und zögerlichen Tod umsorgen müssen. *Wenn Gott sie langwierig angreifen wird*, klagt sie im Brief an Balthasar, *so wird sie mir Angst und Bang machen.* (...) *Ich hab nur Sorge, es sei mit ihr zu spät* [für Hilfe]; *wie Du weißt, hat sie schon seit langer Zeit immer gleich ausgesehen.* Wie sich zeigen sollte, erholte sich Frau Kastner aber noch in Engelthal wieder, so daß Magdalena sie gar nicht erst in Nürnberg pflegen brauchte. Als sie später einmal nach Nürnberg kam, um sich einer Heilbehandlung zu unterziehen, kam sie mit ihrer Mutter bei jemand anderem unter – vielleicht, weil Magdalena schließlich ganz offen ihre Abneigung ausgesprochen hatte, Frau Kastner aufzunehmen.

Nicht zum einzigen Mal ließ sich Magdalena nur unwillig in fremde Angelegenheiten hineinziehen. Im Dezember 1591 erhielt sie Besuch von einer Frau Stieber aus dem Dorf Ermreut. Frau Stieber kaufte gerade mit ihren Brüdern in Nürnberg ein und war im Haus der Witwe Schmidhammer untergekommen. Die Gesellschaft hatte ihre eigene Verpflegung mitgebracht und scheint um jeden Pfennig geknausert zu haben. Als sie Magdalena besuchte, beklagte sich Frau Stieber, ihre Unterkunft sei in jeder Hinsicht zu teuer, womit sie wohl andeuten wollte, Magdalena solle sie aus Wohltätigkeit bei sich aufnehmen. Magdalena aber tat, als habe sie nichts verstanden, da eine unter solchen Umständen ausgesprochene höfliche Einladung, wie Magdalena Balthasar erläutert, wohl hätte angenommen werden können – und zwar auf unbestimmte Zeit. *Ich hatte Sorg, sie nähm's für ernst auf. Ich weiß wohl, daß man die Leute freiweg einladen soll; es ist aber schon zuviel Gesinde im Haus. Sie schickt heute wieder nach mir, ich soll zu ihr kommen, aber ich hab gesagt, ich könne's ihr nicht beschicken; ich müsse zu einem sterbenden Menschen gehen, was auch wahr ist.* Der Sterbende war Conrad Bair, an dessen Lager sie sich tatsächlich aufhielt, aber nicht so häufig oder ausschließlich, daß ein Besuch bei Frau Stieber unmöglich gewesen wäre, wenn sie die Beziehung zu ihr hätte pflegen wollen. Später, im neuen Jahr, als Frau Stieber wegen der Hochzeit Paulus Behaims wieder nach Nürnberg kam, quartierte Paulus sie auf ihren Wunsch hin bei seiner Schwester ein. Mitte Januar 1592 schreibt Magdalena an Balthasar, sie habe *den Nußbaumholzschreiner dagehabt, der macht das Fußbrett höher und das Hauptbrett richtet er* [am Nußbaumbett], *das sich, wie Du weißt, krümmt und gebogen hat, da ich die Stieberin dreinlegen muß.* Sie bittet Balthasar, ihr etwas grünen Taft für einen neuen Bettvorhang zu schicken, wenn er denkt, es solle einer am Bett hängen. So kalt streckte sie die Hand der Gastfreundschaft aus!

Weder Magdalena noch Balthasar waren in ihrem Wesen selbstsüchtig. Spontane Hilfsbereitschaft und Loyalität den Freunden und Verwandten gegenüber durchziehen ihren Briefwechsel. Als Magdalena vier Monate vor ihrer Hochzeit mit Balthasar von dessen Vater und Stiefmutter Leckereien zum Geschenk erhalten hat, richtet sie sogleich ein Fest *mit allerlei Spiel und Fantasie* aus, zu dem sie viele Freunde und Verwandte einlädt. Ein andermal berichtet sie, sie habe *23 große Vögel gefangen* (nämlich in den Netzen ihrer Brüder), die sie sich sogleich mit der Familie Jakob Imhoffs teilt. Einmal definiert Balthasar das Grundprinzip der Freigebigkeit Bekannten und Freunden gegenüber: als er sich einverstanden erklärt hat, an den Verhandlungen über die Verheiratung seines Schwagers Paulus Behaim mit seiner Kusine Rosina Paumgartner mitzuwirken. *Ich (...) vermeine, man soll in solcher zugetanen Freundschaft in allen vorfallenden Sachen um so mehr zusammenhalten und einander überall helfen und raten.* Freigebigkeit und Hilfsbereitschaft gehörten zum Wesen solcher Freundschaften, und je tiefer die Beziehung ging, desto bereitwilliger sollten sie gezeigt werden.

Während Magdalenas Dienste für Verwandte und Freunde vielfältig waren und sie stets ein schlechtes Gewissen zeigte, wenn sie einmal nicht weit genug gehen konnte, unternahm sie andere Akte der Großzügigkeit gelegentlich nur mit Widerwillen. Wenn Mildtätigkeit eine Last zu werden oder – wie im Fall von Frau Kastner – eine weitreichende Abhängigkeitsbeziehung heraufzubeschwören drohte, zog es Magdalena vor, den Kontakt von vornherein zu meiden. Sie zögert, sich Menschen gegenüber herzlich zu zeigen, die nicht selbstbewußt genug sind, denn solche Menschen sind ihr unbehaglich. Sie will helfen, aber nicht das Leben anderer regeln; sie zieht es vor, anderen ihre Hand zu leihen, statt selber zur helfenden Hand zu werden.

Hier mag es einen lutherischen Einfluß geben. Die lutherischen Städte schufen sowohl mit Unterstützung der Bürger als auch mit der der Kirche gesetzliche Handhaben gegen Bettelmönche und Wanderbettler, also gegen die ziehenden, ›professionellen‹ Armen, deren steigende Zahl und zunehmendes Spekulieren auf die Freigebigkeit fremder Menschen lange schon die Stadträte beschäftigte. Lutherische Traktate priesen in den 1520er Jahren jene Hilfsbedürftigen, die Unterstützung nur ungern annahmen und sich begierig zeigten, so bald wie irgend möglich selbst für ihren Unterhalt aufzukommen. Die Wohlfahrtsverordnung Nürnbergs aus dem Jahre 1522 schrieb sowohl Bedürftigkeits- als auch Sittlichkeitsprüfungen vor; erfolgreiche Bewerber trugen Erkennungsmarken. Unter der neuen protestantischen Oberherrschaft wurde Wohltätigkeit eher dem behördlichen als dem individuellen Zuständigkeitsbereich zugerechnet. Die Stadt beschränkte ihre Hilfsmaßnahmen auf die Armen Nürnbergs, die freie Verpflegung und medizinische Versorgung erhielten. Schwer geschlagene örtliche Handwerker konnten bis zu einhundert Gulden als Darlehen ohne Verpflichtung aufnehmen, um ihren Geschäftsbetrieb aufrechtzuerhalten. Der Wohlfahrtsetat für Armenhilfen und -dienste betrug 1586/87 mehr als 16.000 Gulden einschließlich der Entrichtung von Badegebühren an Heilbrunnen nahe der Insel Schütt. Im Jahre 1574 erbrachte die offizielle Zählung der Kranken und Bedürftigen 700 Dauerbettler und 2540 »Aussätzige« oder Erkrankte; diese Zahlen schließen auswärtige Durchreisende ein, denen zeitweilig Unterstützung gewährt wurde. Vielleicht zehn Prozent der Einwohner erhielten irgendeine regelmäßige Fürsorge, während weitere zwanzig Prozent am Rande des Existenzminimums lebten und somit in Hunger-, Pest- oder Kriegszeiten ebenfalls schnell von der Stadtverwaltung abhängig wurden. William Smith, ein unvoreingenommener Beobachter des Nürnberger Wohlfahrtssystems, fand die Stadt wohlgewappnet, um die Versorgung mit Hilfsdiensten zu gewährleisten. Er lobt die vielen Armenhäuser und das neue Krankenhaus der Stadt, die ihren Armen und Bedürftigen ein wöchentliches Almosen austeilt, denn »weder alt noch jung darf in der Stadt betteln«. Die einzige von ihm erwähnte Ausnahme wurde für verarmte Waisenkinder gemacht, die, dem Brauch folgend, weiterhin an drei Tagen der Woche mit Brotkörben und Almosenbüchsen durch die Straßen ziehen und Psalmen singen.

Wenn Magdalena und Balthasar die Ungewißheiten im Leben mit göttlicher Herrschaft über die Welt in Zusammenhang brachten, so glaubten sie auch an eine letzte göttliche Gerechtigkeit, an die endgültige und gerechte Aufrechnung menschlicher Schulden und Guthaben. *Ein jeder empfängt einmal seinen Lohn, wie er's verdient*, lautet ein weiteres Sprichwort von Magdalena. Mit ihm tröstet sie Balthasar während der Frankfurter Frühjahrsmesse von 1597, als er doppelte Ursache zu Betrübnis hatte: sein Körper litt unter inneren Schmerzen und rheumatischen Beschwerden, seine Seelenruhe und seine Geschäftsgewinne unter der kaiserlichen Münzkommission des Dr. Hüls. *Inwendig plagen Dich die Flüsse wohl sehr; aus Deinem Schreiben vernehm ich, daß Euch der heillose Doktor aber wohl alle auswendig plagt. Er wird einmal seinen Lohn empfangen, wie er's verdient.*

Magdalenas Natur neigte grundsätzlich zum Optimismus. *Es sei halt etwas so klein, wie es will, so wird es doch etwas nach sich ziehen.* Diesen sprichwörtlichen Trost bot sie ihrem Schwager Paulus Paumgartner, als er nach einer Stelle in einer Handelsunternehmung suchte. Arbeitslos und rastlos, wie er war, hatte sich Paulus bei zahlreichen Unternehmungen beworben, zu denen auch die Welsersche zählte, aber wenn sich Hindernisse auftaten, ließ er sich ganz besonders leicht entmutigen (*Er hat aber ja große Lust dazu; will man ihm's aber sauer machen, will er ihnen nicht weiter drum nachlaufen*). Da er voller Unruhe auf eine Entscheidung wartete, versicherte Magdalena ihm, es könne sich alles ebensogut zum Besten wie zum Schlimmsten wenden. Diese Haltung gesellt sich ihrem Glauben an den Zufall hinzu. Das Leben mag voller Unsicherheiten stecken, aber nichts ist ausgeschlossen; irgend etwas mag *überzwerch* gehen und fehlschlagen, aber es kann eben auch gut ausgehen. In einer solchen Welt bleibt Hoffnung stets ebenso realistisch wie Verzagtheit.

Balthasar andererseits war ein Mann, der um jeden Silberstreif am Horizont erst einmal die Wolken sah. Trotz der Neigung seines Gemüts, sich zu verschließen, war ihm aber Hoffnungslosigkeit ebenso fremd wie Magdalena. Man nehme seinen Versuch der Selbsttröstung, als er von seinem Bruder Paulus die Nachricht erhält, sein neues graues Fohlen sei von einer ernsten Krankheit befallen worden – es handelte sich um das jüngere zweier kurz zuvor gekaufter Fohlen und um eines, das er von Herzen mochte. Paulus meint, die Krankheit werde bald aller Freude, die Balthasar an dem Tier finden mochte, ein Ende setzen. *Solche Krankheit möchte vielleicht, wenn es sie übersteht, seine Gesundheit stärken und ihm zum Genuß gereichen*, argumentiert Balthasar. *Sollte's denn doch gar umfallen, so ist's mir dennoch lieber als ein Mensch, und ich muß dessen gedenken, daß ich* foviel Geld verfpielt hab. Balthasar hoffte das Beste, wenn er das Schlimmste vor sich sah, und er überstand jedes Mißgeschick, indem er es als etwas ganz Gewöhnliches behandelte.

Selbstbewußtes und selbstbestimmtes Handeln in den Schranken des göttlichen Willens – dies waren die Bedingungen, denen Magdalena und Balthasar ihr Leben verpflichtet fühlten. Ein solches Selbstverständnis ermutigte sie und gebot ihnen gleichzeitig Einhalt; es war ihnen eine Quelle der Tröstung oder der Beflügelung, der Bescheidenheit oder der Entschlossenheit, wie die Umstände gezeigt haben. So entspricht es einer Welt wie der ihren, die einen Übergang markierte, einer Welt, die noch an die Macht Gottes glaubte und gleichzeitig schon die Macht des Menschen entdeckte.

VII. FAMILIEN FRÜHER UND HEUTE

Wenn es einen größeren Irrglauben gibt als den, Gegenwart und Vergangenheit seien eins, so ist es der, sie seien völlig verschieden. Es mögen Welten der Andersartigkeit zwischen Gestern und Heute liegen, aber die Vergangenheit *ist* keine andere Welt. Wir erleben die Spuren des einen im anderen. Die Vergangenheit zieht uns an, und aus ihr können wir etwas lernen, gerade weil wir uns selber unter veränderten Bedingungen entdecken.

Heute betonen Familienhistoriker die Andersartigkeit der Vergangenheit; sie fassen den Übergang von der althergebrachten zur modernen Familie als wirkliche Revolution in den Beziehungen und den Empfindungen auf. Die vorneuzeitliche Familie, so hören wir, sei streng patriarchalisch; eine hierarchisch gegliederte Arbeitsstätte, deren autoritäre Natur die familiären Bindungen entmenschlichte. Hohe Sterblichkeit und häufige Wiederverheiratungen legten tiefen und anhaltenden persönlichen Beziehungen zwischen Familienmitgliedern ebenfalls Hindernisse in den Weg; in den meisten Familien gab es weder genügend Zeit noch Stabilität, um echte Intimität sich entfalten zu lassen. In der Welt der Vergangenheit stellten die Frauen die Unterschicht, und nirgendwo deutlicher und fürchterlicher als in der Ehe, wo sie ungefragt zu Besenschwingern und Gebärapparaten erniedrigt wurden. Die Leichtgläubigkeit einer Epoche, die vom Gedanken an Sünde und Teufel besessen war, steuerte ihr Teil zur Freudlosigkeit des Familienalltags bei, indem sie darin Zwang und sogar Grausamkeit rechtfertigte. Nach den Beschreibungen moderner Geschichtswissenschaftler hellte sich das sittliche und Gefühlsleben der Familie erst auf, als die Wohnung nicht mehr Arbeitsstätte war, als die Heilkunst die Lebensspanne verlängerte und als die Wissenschaften den Aberglauben zurücktreiben konnten. Erst dann konnte sich die kalte, unpersönliche, autoritäre Familie früherer

Zeiten in die warme, private, gleichberechtigte moderne Familie verwandeln. Der Übergang von der vorindustriellen zur modernen Familie war, um den Titel einer neueren Buchveröffentlichung zum Thema zu übernehmen, ein Übergang »vom Patriarchat zur Partnerschaft«.

Die modernen Historiker haben uns nicht darauf vorbereitet, auf eine Welt wie die von Magdalena und Balthasar zu stoßen. In Struktur und Aufbau entspricht sie aber dem traditionellen Familienleben sehr genau. Obwohl Balthasar in seinem Wohnhaus kein Handwerk ausübte und über eine Spanne von sechzehn Jahren mindestens zwei Monate jährlich – und viermal sogar sechs Monate – abwesend war, blieb ihr Heim doch der Geschäftssitz – ein Lagerhaus, in dem Waren angenommen und verkauft wurden. Häusliches und geschäftliches Wirtschaften bestimmten den Großteil des Tagesablaufes. Der Geschäftsbetrieb im Hause aber scheint der Beziehung in Wirklichkeit eher günstig als abträglich gewesen zu sein; im Gegenteil haben Argwohn und Streiterei die Ehe offenbar am ernsthaftesten in Mitleidenschaft zu ziehen vermocht, wenn die Geschäfte Balthasar für längere Zeit in die Ferne führten.

Wie die große Mehrheit der Bevölkerung vor der Neuzeit hatten weder Magdalena noch Balthasar großen Spielraum bei der Berufswahl, aber beide akzeptierten ihr Los als sinnvolle und erfüllende Tätigkeit. Mit den Jahren entwickelte Balthasar einen Widerwillen gegen seinen Beruf, und es gelang ihm einige Jahre vor seinem Tod, wenigstens für kurze Zeit in das gemächlichere Leben eines Landedelmannes zu entkommen. Magdalena grollte Balthasars Geschäften gelegentlich, weil sie ihn ihr entführten, aber nie wünschte sie sich auch nur für einen Moment an seine Stelle. Sie wußte, seine Geschäfte waren beschwerlich und kräftezehrend – eine Vorbereitung auf das frühe Grab (sie überlebte ihren Mann, der nur fünf Jahre älter war als sie, um zweiundvierzig Jahre). Wenn Magdalena über seine Arbeit nachdachte, beneidete sie den Mann ihres Lebens nicht, und ebensowenig hielt sie ihn für besonders begünstigt. Während Balthasar die Vielfalt und den Glanz ihres Lebens bewunderte, bemitleidete sie ihn als Gefangenen seines Arbeitstrotts und geradezu als Leibeigenen seiner Geschäfte.

Ihre Familie war eine dennoch patriarchalische: alle Mitglieder des Haushaltes – Magdalena, die Bediensteten und der kleine Balthasar – erkannten Balthasars ›Regiment‹ bereitwillig an. Magdalenas Unterordnung unter die Autorität ihres Mannes wird nie deutlicher, als wenn sie ihm Anweisungen gibt, was er um ihretwillen tun möge; dasselbe läßt sich vom kleinen Balthasar sagen. Balthasar trug seine Rolle als Familienoberhaupt mit Würde, aber er übte seine Macht mit lockerem Zügel aus. Wenn er auch das Haupt der Familie war, so schmälerte das weder seine Bewunderung für Magdalenas Fertigkeiten im Haushalt noch sein freimütiges Lob ihrer fachlichen Kompetenz, wenn sie auf gewandte Weise ihre geschäftlichen Angelegenheiten in Nürnberg regelte. Die beiden teilten sich ihre Autorität als eingespieltes Team, und Magdalenas geschäftliches Urteil wurde von Balthasar bereitwillig gesucht und geachtet.

Die Natur ihres Ehe- und Familienlebens unterschied sich, wie man zu Recht meinen könnte, nicht so sehr von dem, was wir heute für ›modern‹ halten. Über die Jahre hinweg blieben sie auf ihre Art gefühlsmäßig eng aneinander gebunden. Magdalena scheint fast wie eine junge Braut für ihren Mann geschwärmt zu haben, und noch nach dreizehn Ehejahren hat es Balthasar nicht verlernt, ihr in der Saison Melonen aus Lucca hinauszuwünschen. Ebensowenig wie die Arbeit konnten die ständigen Beweise der Vergänglichkeit um sie herum ihre Vertrautheit miteinander schmälern. Im Gegenteil: je mehr sie durch private Tragödien gelähmt oder durch geschäftliche Unbilden ermattet wurden, desto bereitwilliger und freimütiger schütteten sie einander ihr Herz aus.

Seine Vaterrolle pflegte Balthasar vollen Bewußtseins als eine disziplinarische. Die Bitten des kleinen Balthasar wurden aber häufiger erfüllt als abgeschlagen, und das Kind erfuhr von beiden Elternteilen Nachsicht. Vielleicht wäre es um ihre Beziehung zueinander und zu ihren Kindern anders bestellt gewesen, wenn sie eine vielköpfige Nachkommenschar gehabt hätten oder in Armut abgeglitten wären. Ihre ehelichen und elterlichen Regungen aber lassen keinen Zweifel: sie waren tief und unverwüstlich.

In einem Briefwechsel, der sechzehn Jahre des privaten und öffentlichen Unheils aufzeichnet, erwähnen sie Hexen und Teufel nicht einmal. Magdalena und Balthasar glauben an Gott und die reinigende Kraft der Heilkunst. Aus heutiger Perspektive sind das primitive Stützen, die der Ergebenheit des Paares nicht immer wert gewesen sind. Zweifellos hat die zeitgenössische medizinische Wissenschaft mindestens soviel Schaden wie Nutzen gebracht, und Gott hat sich keinem von beiden als so hilfreich erwiesen, wie sie nach den Lehren der damaligen Theologie billigerweise hätten glauben dürfen. Dennoch hielt sich unser Paar weiter an Heilkunst und Glauben; auf medizinischem Gebiet wurde diese Hingabe probierfreudiger und komplizierter, auf religiösem einfacher und grundsätzlicher. Die Ärzte beschäftigten sie mehr als Gott, aber am Ende erkannten sie Gott als wichtiger und verläßlicher. Eine solche Leichtgläubigkeit hing natürlich von ihren Lebensumständen ab; sie war durch ihre Kultur und auch von der Nützlichkeit bestimmt. Magdalena und Balthasar aber dachten gleichwohl auf eigene und unabhängige Weise über alles nach, was sie erlebten. Ihre Lebensphilosophie war eine, die mit guten Gründen ihre ureigenste genannt werden darf. Sie sprechen nicht nur für ein Zeitalter, sondern ebenso für sich selbst.

EPILOG

Unsere Geschichte verschwimmt bedauerlicherweise am Ende in dem Nebel, aus dem sie zu Beginn erstand. Es gibt keine Quellen, die uns einen verläßlichen Abschluß bieten. Balthasar starb am 13. Juli des Jahres 1600, soviel ist bekannt. Seit Ende 1596 wetteiferte die Pflege des kleinen Besitzes Holenstein in der Oberen Pfalz unweit von Nürnberg mit den sich verringernden Handelsgeschäften um seine Zeit und Aufmerksamkeit. In dem letzten Brief Magdalenas, den sie ihm am 22. März 1597 zur Frankfurter Messe schrieb, spricht sie ihre Hoffnung aus, Gott möge dafür Sorge tragen, daß er rasch aus Frankfurt abreisen und bald wohlauf mit ihr nach Holenstein fahren könne. Sie pendelten nun zwischen zwei Wohnsitzen hin und her.

Als Balthasar am 11. Dezember 1598 den letzten noch erhaltenen Brief an Magdalena nach Nürnberg schreibt, ist er in Neuburg an der Donau, wo er gleichzeitig als Kaufmann und als neuer Landbesitzer auftritt. Er nimmt an einem Landtag teil und befindet sich in sehr guter Gesellschaft; um ihn herum hat sich die politische Spitze der Gegend versammelt, und er fühlt sich ein bißchen fehl am Platze. Wie stets fühlt er sich von den Ereignissen bedrängt. Er plant, nach Ende der Versammlung direkt nach Holenstein zu reisen, erwartet aber, daß die Vorgänge in Neuburg zu einer acht- bis neuntägigen Verzögerung führen, und ein Teil der verhandelten Angelegenheiten betrifft ihn unmittelbar. Er gibt an, vor der ganzen Versammlung von einem Sebastian Saurzapff verleumdet und in Verlegenheit gebracht worden zu sein; den Mann beschreibt er als einen bekannten *Lump*. Offenbar wird eine Rechtsstreitigkeit um Holenstein geschürt. Balthasar hat den Pfalzgrafen zu Sulzbach, Otto Heinrich, um Beistand angerufen und wendet sich nun mit einem Schreiben in dieser Angelegenheit an den Landtag. Er ist zuversichtlich, daß er sein Recht geltend machen könne und Saurzapff seine Strafe bekommen werde, und er gewinnt Freunde und Verbündete in hohen Positionen. In einem Postskriptum teilt er Magdalena mit, der Landrichter und der Landschreiber würden mit ihm zurückreisen und bei ihm übernachten: *Du magst Dich darauf mit etwas Wenigem in der Küche gefaßt machen.*

Neunzehn Monate später starb Balthasar. Magdalena überlebte nicht nur ihn, sondern auch alle Geschwister. Sie starb am 14. Februar 1642 in dem ungewöhnlich hohen Alter von 87 Jahren.

Was wurde in all diesen Jahren ohne Balthasar und ihre natürlichen wie angeheirateten Geschwister, die einen so großen Teil ihres Lebens eingenommen hatten, aus Magdalena? Der Familienstammbaum zeigt an, daß sie nicht wieder geheiratet hat. Wir können uns vorstellen, daß sie zwischen Nürnberg und Holenstein hin- und herpendelte und ihre Zeit mit den alten und neuen Verwandten und Freunden verbrachte. Der einzige Mensch aus unserer Geschichte, der ein wichtiger Bestandteil ihres Lebens gewesen war und ebenso lange lebte wie sie, war die kleine Madela, die 1652 starb. Madela heiratete im Jahre 1619 Johann Jakob Löffelholz aus Kolberg, mit dem sie zwölf Jahre bis zu seinem Tod zusammenlebte. Vielleicht entstammten dieser Verbindung Kinder, und vielleicht wurden sie wie ihre Mutter von ihrer Großtante umsorgt und bereichert und schenkten ihr dafür ein Stückchen irdischen Glücks. Bis sich aus vielleicht noch verborgenen Quellen das Gegenteil belegen läßt, möchte man annehmen, Magdalenas Leben sei ebenso erfüllt wie lang geblieben.

ANHANG

ANMERKUNGEN

8 *historisch bedeutsam:* ›Briefwechsel Balthasar Paumgartners des Jüngeren mit seiner Gattin Magdalena, geb. Behaim. (1582–1598)‹, hg. v. Georg Steinhausen, Tübingen 1895, S. V–VI.

9 *nicht immer – sachlich:* Carl Koch, »Die Sprache der Magdalena und des Balthasar Paumgartner in ihrem Briefwechsel. Zur Geschichte der Nürnberger Mundart und zur nhd. Schriftsprache im 16. Jahrhundert« (in ›Mitteilungen aus dem Germanischen Nationalmuseum‹, Nürnberg 1909, S. 152–154). Neben der Sprachstudie von Koch gibt es, soweit ich sehe, an Versuchen der Auseinandersetzung mit den Briefen nur noch den Abriß von Hans Bösch »Balthasar Paumgartner d. J. von Nürnberg, ein Besucher der Frankfurter Messe 1583–1597« (in ›Bamberger Stadt- und Land-Kalender auf das Jahr 1900‹, Bamberg 1900, S. 3–7) und Georg Steinhausens gelegentliche Erwähnungen in seinem handelsgeschichtlichen Überblick ›Der Kaufmann in der deutschen Vergangenheit‹, Leipzig 1899, besonders S. 89–98.

11 *jedes Land:* William Smith, »A Description of the Cittie of Noremberg‹ (Bescheibung der Reichsstadt Nürnberg) 1594«, übers. v. William Roach, Vorwort v. Karlheinz Goldmann (in ›Mitteilungen des Vereins für Geschichte der Stadt Nürnberg‹ (MVGN), Bd. 48 (1958), S. 194–245), S. 206. *Nürnberger Erfolges:* Zeitgenössische Karten der Stadt, ebd., S. 206–209; ihre Entstehung wird diskutiert von Karl Schaefer, »Des H. Braun Prospekt der Stadt Nürnberg vom Jahre 1608 und seine Vorläufer« (in ›MVGN‹ 12 (1896), S. 3–84).

12 *Handelssparten vertraten:* Rudolf Endres, »Zur Einwohnerzahl und Bevölkerungsstruktur Nürnbergs im 15./16. Jahrhundert« (in ›MVGN‹ 57 (1970)), S. 246–248, 256–257.

13 *Pflicht und Gehorsam:* Smith, »Description«, a.a.O., S. 216. *zu unterstützen:* Ebd., S. 216–218; Gerald Strauss, ›Nuremberg in the Sixteenth Century‹, New York 1966, S. 61–62.

14 *doppelt soviel erhielt:* Gustav Aubin, »Bartholomäus Viatis. Ein Nürnberger Großkaufmann vor dem Dreißigjährigen

Kriege« (in ›Vierteljahrschrift für Sozial- und Wirtschaftsgeschichte‹ (VSWG), Bd. 33(1940)), S. 156; Endres, »Einwohnerzahl«, a.a.O., S. 256–258, 259.
abhängig sein: Endres, »Einwohnerzahl«, a.a.O., S. 256–257, 261–262, 268.

15 *an Viatis:* Aubin, »Viatis«, a.a.O., S. 154; Endres, »Einwohnerzahl«, a.a.O., S. 263; ›Briefwechsel‹, a.a.O., 5. April 1593, S. 182; 8. April 1593, S. 185. Vgl. auch Gerhard Seibold, »Die Imhoffsche Handelsgesellschaft in den Jahren 1579–1635« (in ›MVGN‹ 64(1977)), S. 210–214.
wieder zurückbekommt: Endres, »Einwohnerzahl«, a.a.O., S. 259; Strauss, ›Nuremberg‹, a.a.O., S. 8; Smith, »Description«, a.a.O., S. 214–216.

16 *halbes Jahr alt war:* Smith, »Description«, a.a.O., S. 222.
Auspeitschungen und Verbannung: Ebd., S. 233.

17 *nach Augsburg:* Strauss, ›Nuremberg‹, a.a.O., S. 145–149; Johannes Müller, »Die Finanzpolitik des Nürnberger Rates in der zweiten Hälfte des 16. Jahrhunderts« (in ›VSWG‹ 7(1909), S. 1–63).
Generation dauerte: Endres, »Einwohnerzahl«, a.a.O., S. 250.
Epoche Dürers: Jeffrey Chipps Smith, ›Nuremberg: A Renaissance City, 1500–1618‹, Austin 1983.

18 *Die Behaims und die Paumgartners:* Zur Rekonstruktion der familiären Verbindungen habe ich mich vornehmlich auf Geschlechtsregister gestützt. Für die Behaims benutzte ich Johann Gottfried Biedermann, ›Geschlechtsregister des hochadeligen Patriciats zu Nürnberg‹, Bayreuth 1748, Tafeln VII, VIII, IX; für die Paumgartners den im Nürnberger Stadtarchiv rekonstruierten »Stammbaum der Nürnberger Familie Paumgartner« (›Wappen und Geschlechtsbücher‹, Nr. 46 (7)); für die Scheurls schließlich Biedermann, ›Geschlechtsregister‹, a.a.O., Tafeln 441–442. Über die Familie Paumgartner kann man sich auch bei Georg Andreas Will, ›Nürnbergisches Gelehrten-Lexicon‹, Bde. III u. VII, Nürnberg/Altdorf 1757 u. 1806, und bei Wilhelm Krag, ›Die Paumgartner von Nürnberg und Augsburg. Ein Beitrag zur Handelsgeschichte des 15. und 16. Jahrhunderts‹, München/Leipzig 1919, orientieren. Ein großer Teil dieses Materials aber bezieht sich hauptsächlich auf die Familie

Paumgartner in Augsburg und bringt nur wenig Aufschluß über die Entwicklung des Nürnberger Zweigs in der zweiten Jahrhunderthälfte. Hilfreichere allgemeine Abhandlungen über die Nürnberger Kaufleute sind Georg Steinhausen, ›Der Kaufmann in der deutschen Vergangenheit‹, a.a.O.; Gustav Bub, ›Alte Nürnberger Familien. Beiträge zur Kulturgeschichte der Stadt Nürnberg‹, Bd. I, Hersbruck 1930; Ludwig Veit, ›Handel und Wandel mit aller Welt. Aus Nürnbergs großer Zeit‹, München 1960; Gerhard Pfeiffer (Hg.), ›Nürnberg: Geschichte einer europäischen Stadt‹, München 1971, Kap. 30–32, 50.

20 *Februarii:* Diese Information stellte mir freundlicherweise Archivrat Dr. Freiherr v. Brandenstein aus dem landeskirchlichen Archiv zu Nürnberg zur Verfügung. Zu Balthasars Geburts- und Todesdaten vgl. außerdem Steinhausen, ›Briefwechsel‹, a.a.O., S. VII; Koch, »Die Sprache«, a.a.O., S. 152.

22 *mein liebster Schatz:* ›Briefwechsel Balthasar Paumgartners des Jüngeren mit seiner Gattin Magdalena, geb. Behaim. (1582–1598)‹, hg. v. Georg Steinhausen, Tübingen 1895, 24. Okt. 1582, S. 3; 25. Dez. 1582, S. 13; 1. Jan. 1583, S. 19. Alle folgenden Angaben entstammen dieser Quelle, sofern nichts anderes vermerkt ist. Ich habe Steinhausens Transkriptionen mit einer Mikrofilmkopie der handschriftlichen Briefe verglichen; sie sind getreue Wiedergaben der Originale, verläßlich im Detail und frei von Kürzungen. Etwa zwanzig der 169 Briefe sind inzwischen bis zur Grenze der Lesbarkeit verblaßt.

fleißig gegrüßt, werden: 24. Okt. 1582, S. 5; 25. Dez. 1582, S. 17.

fürlesen denn schreiben: 22. Dez. 1582, S. 12–13.

Freudengärtlein zusammenhelfen: »Freüdengärttlin« ist ein Lieblingsausdruck in den Verlobungsbriefen, der nach der Hochzeit verschwindet. 24. Okt. 1582, S. 5; 15. Dez. 1582, S. 6, 10.

in Ehren: 25. Dez. 1582, S. 13; 27. Aug. 1584, S. 64.

23 *Krippe Christi kamen:* 15. Dez. 1582, S. 10; 25. Dez. 1582, S. 16–17. Es handelte sich um einen verbreiteten Brauch.

und Seligmacher: 22. Dez. 1582, S. 11; vgl. auch 1. Jan. 1592, S. 154.

widerspiegele: Georg Steinhausen, ›Geschichte des deutschen

Briefes‹, Bd. II, Berlin 1889, S. 181–182, 189. Steinhausen weist dagegen auf echte Spontaneität in den Briefen nicht formell ausgebildeter Frauen hin, zu denen man ohne Zweifel auch Magdalena zählen kann.
27 *von Dir geträumet:* 24. Okt. 1582, S. 4.
28 *sich beklagt hat:* 15. Dez. 1582, S. 6.
langweilen wollte: 24. Okt. 1582, S. 4.
zugleich aufheben: 15. Dez. 1582, S. 7.
29 *in den Kopf:* 15. Dez. 1582, S. 10.
gegenseitigem Zorn: »Und daß Du mir schreibst, wir wollen den Zorn zugleich mit einander auflassen gehen – ich weiß von keinem nicht; nehm's auch nicht anders als scherzweis auf.« 25. Dez. 1582, S. 14.
und Seuchen werden: Vgl. S. 122 und die Anmerkung dazu.
Schreiben und Kindereien: 25. Dez. 1582, S. 17.
30 *gesetzt zu haben:* 25. Dez. 1582, S. 15–16.
Briefkasten zu stehen: 22. Jan. 1583, S. 23.
weniger zu schreiben weiß: 9. Nov. 1591; S. 30.
Bischofs gewesen: 9. Feb. 1583, S. 26–27.
31 *fleht er:* 19. Jan. 1583, S. 21.
Schatz, gewesen: 1. Jan. 1583, S. 19.
überwindet viel: 22. Dez. 1582, S. 12.
32 *Wahrscheinlichkeit dort ist:* Ebd.; 25. Dez. 1582, S. 12–14.
schäm mich sonst: 1. Juli 1584, S. 49. Was Magdalenas Schwangerschaft betrifft, berichtet sie in ihrem Brief vom 24. Juli, sie fertige gerade ein Säuglingskissen; vgl. S. 151, 158.
37 *weniger zusammen:* 30. Dez. 1591, S. 151.
solange ich lebe: 17. Nov. 1591, S. 134; 6. Jan. 1592, S. 154; April 1590, S. 105.
Mädchen findet: Ohne Datum, 1590, S. 139; April 1593, S. 183; 30. Dez. 1591, S. 152.
zur Eile neigt: 25. Nov. 1591, S. 137.
Schweinegrieben dazu: 27. Aug. 1584, S. 64.
38 *nüchtern bleibst:* 2. Sept. 1589, S. 99.
für zwei Messen: 14. Sept. 1589, S. 101.
hinauswünschen können: 18. Juli 1584, S. 53, 56; 14. Aug. 1584, S. 63; 10. Aug. 1594, S. 236; 17. Aug. 1594, S. 239.
Genesung schreibt: 29. Juni 1594, S. 214.
39 *warten zu lassen:* 1. Dez. 1591, S. 139.

zu tun hast: 9. Dez. 1591, S. 141.
40 *nicht mehr:* 9. Dez. 1591, S. 143.
aus Lucca ansteht: 23. Dez. 1591, S. 143.
an dir gemangelt: 23. Dez. 1591, S. 144.
bist entschuldigt: Dez. 1591, S. 148–149.
drei Seiten umfaßt: 25. Dez. 1591, S. 145.
41 *nicht gemangelt hat:* 8. Jan. 1592, S. 157.
allemal Ruhe sein: Ebd.
gar antut: April 1593, S. 183.
42 *Briefe rechnete:* 1. Aug. 1594, S. 229.
zu unterdrücken: 1. Juni 1594, S. 204.
45 *woanders versucht:* 4. April 1594, S. 218; 1. Aug. 1594, S. 226.
zu überwinden: 8. Aug. 1594, S. 234–235.
Ende Oktober: 17. Aug. 1594, S. 239.
46 *herzlieber Paumgartner:* 29. Aug. 1594, S. 240.
47 *aufhalten wollen:* 29. Aug. 1594, S. 243–244.
bin ich noch: 28. Sept. 1594, S. 255–256.
48 *einschätzt als Balthasar:* 14. Sept. 1594, S. 252; 18. Sept. 1594, S. 253; 28. Sept. 1594, S. 255.
im Haushalt schindet: 19. April 1596, S. 263–264.
49 *strategisch auszuspannen:* Ernst Walter Zeeden, ›Deutsche Kultur in der frühen Neuzeit‹, Frankfurt a.M. 1968, S. 116–122; Aubin, »Viatis«, a.a.O., S. 145–157; W. Schultheiss, »Der Nürnberger Großkaufmann und Diplomat Andreas I Imhoff und seine Zeit (1491–1579)« (in ›Mitteilungen aus der Stadtbibliothek Nürnberg‹, Bd. 6 (1957)).
52 *vergebens aufzuhalten:* 7. Mai 1572, S. 2–3.
53 *geweckt haben:* 15. Dez. 1582, S. 9–10; 25. Dez. 1582, S. 14.
ein Tag hinweg: 18. Juli 1584, S. 55.
54 *vollkommen ruinieren:* »Wenn mir nur der liebe Gott bald wiederum aus diesem Frankfurtischen Fegefeuer zu Dir heim nach Haus verhülfe, wo ich dieses Frankfurts abermals schon so genug hab, als wenn ich mit Löffeln davon gegessen hätt. Ich hab Sorg, ich werde einstmals von freien Stücken nimmermehr hier wegkommen. Denn ich besorg mich, heut oder morgen möcht es einst gar mein Grab sein.« 26. März 1586, S. 78.
meinem Willen geht: 19. Sept. 1591, S. 123.
gehindert worden: 20. März 1591, S. 108–109.

55 *Reisende schließen:* 2. Sept. 1591, S. 117; 25. Dez. 1591, S. 147.
Frankfurt garantiert: 27. Juli 1594, S. 226.
Taschentücher ausgehen: 25. Dez. 1591, S. 147; 13. April 1595, S. 258.
die Handelswege: 25. Dez. 1591, S. 147–148; 3. Aug. 1594, S. 232.
sie zu drängen: 17. Sept. 1584, S. 68.
daheim sein: 28. März 1585, S. 73.
56 *und Untergebenen:* 10. März 1592, S. 168.
etwas gemacht wird: 13. Sept. 1592, S. 176.
Verfluchen gibt: 5. April 1593, S. 181.
allzeit haben können: 15. April 1593, S. 186.
geschickte Kaufleute gehört: Unter die »verständigen und geschickten Kaufleute«, die befragt werden könnten und sollten, möchte Balthasar sich zweifellos selbst einreihen. 12. Sept. 1596, S. 272; 18. Sept. 1596, S. 274.
57 *Löffeln gegessen hätt:* 19. März 1597, S. 278–279. Vgl. auch oben, S. 53 (1586).
Erfolg habe: 22. März 1583, S. 31.
zu schaffen geben werde: 18. Juli 1584, S. 54–55.
58 *spottet Magdalena:* 22. Juli 1584, S. 58.
wünscht sich Magdalena: September 1584, S. 68.
mitgefahren wär: 20. Jan. 1592, S. 161; zu Balthasars Zusammenstoß mit ihm vgl. den Brief vom 17. Sept. 1588, S. 92.
59 *ihn [gefangen] setzt:* 17. Nov. 1591, S. 135–136; 25. Dez. 1591, S. 146.
als Balthasar: 8. Aug. 1594, S. 233–234; 15. Aug. 1594, S. 237–238; 29. Aug. 1594, S. 241; 18. Sept. 1594, S. 254; 6. Sept. 1594, S. 248.
61 *ihren eigenen Herrn:* 17. Juli 1596, S. 267.
Münzordnung zu leisten: 18. Sept. 1596, S. 274.
allhier viel gesünder: 1. Jan. 1592, S. 153.
62 *glaube ich gar wohl:* 8. Jan. 1592, S. 158; Smith, »Description«, a.a.O., S. 228; 20. Jan. 1592, S. 160. Vgl. auch 5. April 1593, S. 181, wo Balthasar Magdalena versichert, das kalte Wetter werde ihm kein Anlaß dazu sein, daß er »zu viel trinke«.
63 *mit je 12 Plätzen* (Fußnote): Smith, »Description«, a.a.O., S. 226.
64 *um alle Eingänge:* 15. Dez. 1582, S. 9; 14. März 1583, S. 28; 22. März 1583, S. 30–31.

regelmäßigen Eingängen: 9. Sept. 1591, S. 120–121; 29. Aug. 1594, S. 244; 1. Juni 1594, S. 203; 1. Aug. 1594, S. 227–228; 3. März 1593, S. 178–179; 10. Juli 1594, S. 219.
65 *Wetter noch kalt war:* 14. Sept. 1589, S. 102; 21. Sept. 1589, S. 102–103; 1. April 1587, S. 80–81; 18. März 1597, S. 276.
Flachs aus Cambrai: 12. April 1596, S. 261.
nimmermehr nicht geschehn: 25. Dez. 1591, S. 146; 15. Jan. 1592, S. 159.
66 *Hochzeit ihres Bruders:* 18. April 1596, S. 193.
Vielfalt ihrer Aufgaben: 4. März 1594, S. 191.
eines Trunkes gedeucht: April 1593, S. 184.
Glaser beaufsichtigte: 7. Sept. 1587, S. 84; 9. Sept. 1589, S. 100–101.
67 *vorläufig wieder einstellte:* Ohne Datum 1587, S. 81–82.
gar nicht zweifle: 15. Dez. 1582, S. 7.
Deiner statt beehrt: 17. Nov. 1591, S. 136; 1. Dez. 1591, S. 140.
Lebkuchen bei: 13. Sept. 1592, S. 174.
einen Dankesgruß: 6. Sept. 1592, S. 172.
68 *seinen Sohn gedacht:* 20. Juni 1594, S. 207; 23. April 1596, S. 266.
fachmännisch führte: 6. Mai 1594, S. 197; 13. Juli 1594, S. 221.
Notar zuleiten: 1. April 1587, S. 80–81.
wieder verkaufen lassen: 13. Juni 1584, S. 45.
69 *so mir auch:* 13. Juni 1584, S. 45; 9. Sept. 1592, S. 173; 13. Sept. 1592, S. 175.
Rat gesucht hätte: »Wenn Du mir halt nur erst die Farb davon geschrieben hättst, hätt ich Dir's wieder hingeschrieben, daß es nicht tauglich wär. Nun, es ist geschehen.« 27. Aug. 1584, S. 65.
geregelt zu haben: 9. Sept. 1584, S. 75; 14. Sept. 1585, S. 76–77.
70 *ihm Glück wünsche:* 11. Nov. 1591, S. 133; 17. Nov. 1591, S. 135.
keinen Mann im Haus: 24. April 1594, S. 194.
erwartet hatte: 2. Mai 1594, S. 196; 1. Juli 1594, S. 203.
71 *teilt sie mit:* 7. Juli 1584, S. 48; 15. Aug. 1594, S. 238; 8. Aug. 1594, S. 235.
von Anhalt erbeutet hat: 5. Sept. 1592, S. 171.
zu Hause zu bleiben: 1. Juli 1584, S. 48.
polnische Weise: 7. Juli 1584, S. 50.
74 *Schinken oder drei:* September 1583, S. 37 (Zucker); 2. Sept. 1591, S. 117; 13. Sept. 1592, S. 174; April 1593, S. 148; 10. April 1584, S. 39–40 (Käse); 2. Sept. 1591, S. 117; 6. Sept. 1592, S. 172; April

1593, S. 184; 17. Sept. 1588, S. 93 (Quitten); 2. Sept. 1589, S. 99; 9. Sept. 1589, S. 101; 13. Sept. 1592, S. 174; 17. Sept. 1588, S. 93 (Zeller Nüsse); 9. Sept. 1589, S. 101 und passim; 2. Sept. 1589, S. 99 (Birnen); 9. Sept. 1589, S. 101; 13. Sept. 1592, S. 174; 23. Dez. 1591, S. 44 (Fenchel); 6. Jan. 1592, S. 156 (Olivenöl); 13. Jan. 1592, S. 164 (»grüne Nüßlein«); 12. März 1592, S. 167 (Schinken); April 1593, S. 184.
Samt und Damast: 27. Aug. 1584, S. 65; 2. Sept. 1591, S. 117; 10. Sept. 1588, S. 91; 17. Sept. 1588, S. 93; 9. Dez. 1591, S. 142; 2. April 1593, S. 180; 24. Juni 1594, S. 211; 29. Aug. 1594, S. 242.
venezianischen Goldzwirns: 10. April 1584, S. 39–40; 18. Sept. 1594, S. 154; 6. Jan. 1592, S. 155; 13. Jan. 1592, S. 164.
gar bös sein: 20. Okt. 1591, S. 124.
immer Gasterei: 1. Dez. 1591, S. 139.
grob und glänzig: 30. Dez. 1591, S. 151.
etwas abbettele: 9. Dez. 1591, S. 142.

75 *eingehender nachzuforschen:* 8. Jan. 1592, S. 158; 29. Jan. 1592, S. 162.
Röcklein zudecken: 24. Juni 1584, S. 211. Vgl. Steinhausens Begründung dafür, den Brief auf 1584 zu datieren und nicht auf 1594, wie es der Archivar des Museums ursprünglich gemacht hat (ebd.). Steinhausen bringt diese Passage nicht mit Magdalenas Schwangerschaft in Verbindung, aus der die Fehldatierung noch deutlicher abzuleiten ist.
Glücksgriff, wie er meinte: 29. Aug. 1594, S. 243–244.

76 *Hosenknopfleiste gingen:* Kent R. Greenfield, ›Sumptuary Law in Nürnberg. A Study in Paternal Government‹, Baltimore 1918, S. 115.
Garderobe gezwungen: 29. Juni 1594, S. 215; 1. Aug. 1594, S. 227.

79 *sehr passender Abstand:* August Jegel, »Altnürnberger Hochzeitsbrauch und Eherecht, bes. bis zum Ausgang des 16. Jahrhunderts« (in ›MVGN‹ 44(1953)), S. 264; Steven Ozment, ›When Fathers Ruled. Family Life in Reformation Europe‹, Cambridge, Mass. 1983, S. 38.
keinen alten mehr: 22. Jan. 1583, S. 24.
wie Magdalena: Dez. 1591, S. 150.
Kind geboren hat: 9. Feb. 1583, S. 27; 13. März 1597, S. 276.

80 *liegt auf der Hand:* 20. Jan. 1592, S. 161.
zu verhindern: Endres, »Einwohnerzahl«, a.a.O., S. 263.

81 *Praxis gar nichts:* Smith »Description«, a.a.O., S. 225–226.
   Heiratsplanungen bekamen: 21. Jan. 1585, S. 70–71.
82 *am Tisch sitzen muß:* 1. Aug. 1594, S. 230.
   ausfindig machte: 1. Aug. 1594, S. 228.
   gar wohl gehalten: 6. Sept. 1592, S. 172.
84 *halbe Zeit überwunden:* 7. Juli 1584, S. 51.
   in guter Gesundheit: 21. Jan. 1585, S. 70.
   auch schreiben wollen: 29. März 1588, S. 90.
85 *Du's mitbringst:* 9. Sept. 1589, S. 101.
   Beutel mitbringst: Ohne Datum, wohl Anfang 1590, S. 108.
   mitzubringen kaufest: 22. März 1591, S. 112.
   was Du willst: 2. Sept. 1591, S. 117.
   Kleider anzuhalten: 9. Dezember 1591, S. 141.
86 ›*Bitten*‹ *vorbringt:* Steinhausen macht die Leser seiner ›Geschichte des deutschen Briefes‹ (a.a.O., S. 168) auf diesen Ausdruck des Verhältnisses zwischen Ehemann und Ehefrau aufmerksam. Magdalena spricht aber auch von den Anfragen ihres Sohnes als von Befehlen oder Ermahnungen.
   ihm viel zuleide: Ohne Datum, Anfang 1590, S. 108.
   fleißig grüßen lassen: 11. Nov. 1591, S. 133.
   tief in den Abend: 23. Dez. 1591, S. 144.
87 *beiden Eheleute:* 30. März 1589, S. 97.
   frömmern Büblein geben: 21. Sept. 1589, S. 103.
   sonst aber nicht: 6. Sept. 1591, S. 120.
   in die Kost geben: 5. Juni 1591, S. 114.
   Zahlung auffordert: 5. Sept. 1591, S. 119.
   auch nichts mitbringen: 9. Nov. 1591, S. 131.
88 *Thema schreiben wolle:* 17. Nov. 1591, S. 136.
   D[ein] l[ieber] S[ohn]: 30. Dez. 1591, S. 152 (tatsächlich schon in Magdalenas Brief vom 17. November mitgeschickt).
   selber geben: 1. Jan. 1592, S. 154.
   nicht vergissest: 6. Jan. 1592, S. 155.
89 *was Dir gefällt:* 9. Dez. 1591. S. 141; Dezember 1591, S. 149.
   flugs lernet: 15. Jan. 1592, S. 160.
   Erkältung und Husten: 24. März 1585, S. 72; ohne Datum 1585, S. 79.
   Anwendung des Arzneimittels: 23. März 1588, S. 85.
   Behandlung brauchen: 29. März 1588, S. 89.
   Leute in Nürnberg: 1. April 1589, S. 99.

Kreuz oder zwei tragen: 7. April 1590, S. 104.
gesenkt werden konnte: April 1590, S. 105.
91 *zurückversetzt fühlt:* 30. Dez. 1591, S. 151.
92 *zur Freude! Amen:* 17. Feb. 1592, S. 165–166.
göttlichen Willen: 12. März 1592, S. 167.
bald besser lernen: März 1591, S. 110–111. In einem sich anschließenden Postskriptum bittet der kleine Balthasar seinen Vater, er solle doch den Diener Hans anweisen, ihm und seiner Spielgefährtin Anala – der Tochter von Hans – ebenfalls etwas mitzubringen.
solches dafür kaufen: 9. Sept. 1591, S. 121.
93 *Pferd mitzubringen:* 23. Dez. 1591, S. 144; 12. März 1592, S. 167.
zu ihm kommen: 15. März 1592, S. 168–169.
94 *Glocken geläutet:* 15. März 1592, S. 169.
Tag zu trinken: 15. März 1592, S. 170.
95 *mit Masern im Bett* (Fußnote): 16. Mai 1594, S. 109.
98 *leider geschehen wird:* 13. Sept. 1592, S. 174.
das gelten würde: Ebd.
nicht tragen konnte: 22. März 1594, S. 200–201.
Leber verstopft ist: Ebd.; 4. April 1594, S. 217.
wie sie sich erinnert: 22. März 1597, S. 280.
99 *sei ihr Vater:* 6. Mai 1594, S. 197; 20. Juni 1594, S. 207–208; 13. Juli 1594, S. 221.
ein Kleid zu kaufen: 26. Juni 1594, S. 213; September 1596, S. 273.
zur Kirche geht: 1. Aug. 1594, S. 228–229.
Freude an ihr haben: 29. Aug. 1594, S. 242.
Grüße an sie zurück: 13. April 1594, S. 259.
100 *Deinem Brief steht:* 19. April 1596, S. 264.
als bei den Dienern: 2. Mai 1594, S. 196.
101 *Launen nachzugeben:* 1. Juni 1594, S. 203.
lachen mußte: 29. Juni 1594, S. 216.
wohl zufrieden sein: 13. Juli 1594, S. 222.
Balthasars Urteil: 1. Juni 1594, S. 205.
102 *unterworfen werde:* 20. Juli 1594, S. 224–225.
Jörg gewünscht hatte: 6. Sept. 1594, S. 248.
dennoch oft gefehlt: 1. Aug. 1594, S. 229–230.
103 *wollte lieber nicht:* 7. Juli 1584, S. 51.
Erlösung zu hoffen ist: 24. Juni 1584, S. 210.
Harnleiden verursacht: 22. März 1591, S. 110–111.

aus dem Mund: 20. Okt. 1591, S. 124; 9. Dez. 1591, S. 142.
die geöffnet wird: 15. Mai 1594, S. 199.
in Krämpfen bereitet: September 1596, S. 273.
Todes zu vermelden: 16. Sept. 1594, S. 249; 13. Sept. 1592, S. 175.
104 *die besten Freunde:* 18. Juli 1584, S. 54.
gar kleinmutig: 17. Nov. 1591, S. 135.
schreibt Magdalena: 1. Dez. 1591, S. 140; 25. Nov. 1591, S. 138.
halb tot gelegen ist: 23. Dez. 1591, S. 144.
ein schönes End genommen: 30. Dez. 1591, S. 151.
105 *fröhliche Auferstehung:* 1. Jan. 1592, S. 153; 8. Jan. 1592, S. 158; 29. Jan. 1592, S. 162.
107 *Garaus zu machen:* ›Naturwissenschaft, Medizin und Technik vom 15.–17. Jahrhundert in Nürnberg. Ausstellung der Stadtbibliothek und des Stadtarchivs Nürnberg (...) vom 4. bis 8. Sept. 1967‹, Nürnberg 1967; Egon Philipp, ›Das Medizinal- und Apothekenrecht in Nürnberg. Zu seiner Kenntnis von den Anfängen bis zur Gründung des Collegium pharmazeuticum (1632)‹, Frankfurt a.M. 1962.
108 *Herrn Jesus Christus:* Nach ›Ein kurtz Regiment wie man sich in Zeit regierender Pestilentz halten soll. Durch die Hochgelerten und erfarnen der Ertzney Doctores Zusammen gefast und gebessert‹, Nürnberg 1562, S. A 3 b, A 4 a. Neuausgaben wurden in den Jahren 1574, 1575 und 1585 veranstaltet.
109 *Gottes zu vergleichen:* Nach ›Anzaig und Bericht der Statt Nürnberg verordenten und geschwornen Doctorn der Artzney die jetzregierende geverliche Haubtkranckheit belangend‹, Nürnberg 1572, S. B 2 b, D 2 b.
110 *Bannmittel finden Unterstützung:* ›Ein kurtz Regiment‹, a.a.O., S. B 2 b.
warnen die Ärzte: Ebd., S. C 2 b.
Tür und Tor öffnen: Ebd., S. C 3 b.
Zorn zwischen uns: Vgl. oben, S. 29–30.
111 *solcher bösen Botschaft:* 2. Sept. 1589, S. 100; 9. Sept. 1589, S. 100–101.
für böse Luft: 13. Sept. 1592, S. 174–175; 1. Sept. 1596, S. 270.
112 *Venen verwechselten:* Zeeden, ›Deutsche Kultur‹, a.a.O., S. 300.
mit erster Gelegenheit: 19. April 1584, S. 41.
Flüsse nicht überfallen: 4. Nov. 1591, S. 126. Der Begriff ›Flüsse‹, den Magdalena und Balthasar zur Beschreibung ihrer dauer-

haftesten und quälendsten Leiden benutzen, meint grundsätzlich eine Entzündung oder ein fiebriges Krankheitsbild, soweit sie mit irgendeiner Körperausscheidung (Schleim, Blut, Durchfall) eines Organs oder Körperteils verbunden sind. Gemeint sein kann ebensogut eine laufende Nase wie Gicht oder Rheumatismus. Vgl. Max Höfler, ›Deutsches Krankheitsnamen-Buch‹, München 1899, S. 159–163. Sowohl Magdalena als auch Balthasar haben mit Rheumatismus zu kämpfen; das langwierigste und tückischste Leiden sind aber die chronischen inneren Schmerzen Balthasars.
gute Gesundheit: Zeeden, ›Deutsche Kultur‹, a.a.O., S. 300; ›Anzaig und Bericht‹, a.a.O., S. B 2 a.
113 *nie wieder hinauszuzögern:* 11. Nov. 1591, S. 132.
vollkommen beseitigt: 6. Mai 1594, S. 197.
dabei nicht mehr: Dezember 1591, S. 149; Januar 1592, S. 164–165.
117 *gutes Leben leben:* 13. Juni 1584, S. 44–45. Zur Geschichte der deutschen Badekultur in all ihren Feinheiten vgl. die bebilderte Darstellung von Alfred Martin, ›Deutsches Badewesen in vergangenen Tagen. Nebst einem Beitrage zur Geschichte der deutschen Wasserheilkunde‹, Jena 1906.
118 *und durchpassiert:* 25. Juni 1584, S. 46–47.
119 *am besten helfen kann:* 18. Juli 1584, S. 52.
120 *Doktors Gnaden leben:* 5. Juni 1591, S. 113.
Stubenarrest beschert hat: Ebd.
daheim sein wird: 12. Juni 1591, S. 115.
121 *zu bemerken:* 20. Juni 1591, S. 116.
122 *auch dabei ist:* 1. Juni 1594, S. 201–202; 13. Juni 1594, S. 204.
weiterhin seinen Segen: 1. Juni 1594, S. 202.
123 *hinweggezogen hat:* 22. Juni 1594, S. 208–209.
entkommen zu können: 22. Juni 1594, S. 209; 29. Juni 1594, S. 214.
nicht sein sollen: 22. Juni 1594, S. 209.
124 *er es empfiehlt:* 26. Juni 1594, S. 212; 10. Juli 1594, S. 219.
entgegennehmen würde: »Daß aber Gott durch dieses Mittel es gnädiglich hat verhüten wollen, daß Du hineingezogen und jetzt so sonderlich wohl durchs Wasser gereinigt worden bist, wollen wir ihm danken.« 4. Juli 1594, S. 217.
nicht bald finde: 13. Juli 1594, S. 200–221.
wieder heil wird: 1. Aug. 1594, S. 226.
erwärmtem Quellwasser: 10. Aug. 1594, S. 235–236.

125 *Nötige zu holen:* 29. Aug. 1594, S. 243.
126 *aber wenig zulegen:* 29. Aug. 1594, S. 245–246.
    Genua abzublasen: 6. Sept. 1594, S. 247–248; 14. Sept. 1594, S. 251.
127 *Bett gefesselt ist:* 23. April 1596, S. 264–265.
129 *von Beginn an auserwählt:* Karl Schornbaum, »Nürnberg im Geistesleben des 16. Jahrhunderts. Ein Beitrag zur Geschichte der Konkordienformel« (in ›MVGN‹ 40 (1949)), S. 40, 50–53; Pfeiffer (Hg.), ›Nürnberg‹, a.a.O., Kap. 43, 46; Irmgard Höss, »Das religiös-geistige Leben in Nürnberg am Ende des 15. und am Ausgang des 16. Jahrhunderts« (in ›Miscellanae Historiae Ecclesiasticae‹, Bd. II: ›Congrès de Vienne, Août-Septembre 1965‹, Louvain 1967), S. 35–36; Siegfried Scheurl, ›Die theologische Fakultät Altdorf im Rahmen der werdenden Universität, 1575–1623‹, Nürnberg 1949.
130 *Riten zurücksehnten:* Unter den Laien, von deren Beteiligung an den Gottesdiensten der Klarissinnen und Katharinen berichtet wird, war auch der große Kaufmann Carl Imhoff. Karl Ulrich, ›Die Nürnberger Deutschordens-Kommende in ihrer Bedeutung für den Katholizismus seit der Glaubensspaltung‹, Kallmünz 1935, S. 16–21. Nur ein einziges Mal wird Carl Imhoff im Briefwechsel erwähnt, als Balthasar 1594 voller Entsetzen dessen Bankrott erwähnt. 3. Aug. 1594, S. 232. Magdalena und Balthasar hatten enge Beziehungen zu anderen Mitgliedern der Familie Imhoff.
131 *Bruch mit dem Papst:* Lothar Bauer, »Die italienischen Kaufleute und ihre Stellung im protestantischen Nürnberg am Ende des 16. Jahrhunderts (Zu einem Bericht an die Kurie vom Jahre 1593)« (in ›Jahrbuch für fränkische Landesforschung‹, Bd. 22 (1962), S. 3–7); Ulrich, ›Die Nürnberger Deutschordens-Kommende‹, a.a.O., S. 22.
134 *Münze erwiderte:* Bauer, »Die italienischen Kaufleute«, a.a.O., S. 12–13, 14. März 1589, S. 94; 12. Sept. 1591, S. 122; 29. Aug. 1594, S. 241.
    Korrespondenz also: 1. Jan. 1592, S. 153–154. Balthasar und andere Nürnberger Kaufleute beklagten sich in Lucca und in Nürnberg über Schikanen von seiten des Klerus in Lucca. Sie wurden von der örtlichen Geistlichkeit und später auch von

der Inquisition überwacht, da man sie verdächtigte, protestantische Schriften mit sich zu führen. Und allem Anschein nach versuchte man sie zu zwingen, während ihres Aufenthaltes in Lucca die katholischen religiösen Bräuche auszuüben.
Cf. Hermann Kellenbenz, »I rapporti tedeschi con l'Italia nel XVI e all'inquio del XVII seculo e la questione religiosa«, in: ›Cittá italiane del '500 tra Riforma e Controriforma‹, Atti del Convergno Internationale di Studi Lucca, 13–15 ottobre 1983 (Lucca, 1988), S. 117–125. Für diesen Hinweis bin ich Herrn Professor Dr. W. von Stromer und Frau Simonetta Adorni-Braccesi zu Dank verpflichtet.

135 *hatte haben wollen:* 1. Aug. 1594, S. 230.
getanzt hätte: 10. Juli 1594, S. 220.
gewonnen an Kirchengeld: September 1596, S. 273.
136 *handgreifliche Sünden:* 9. Nov. 1591, S. 131.
überflüssig mißbraucht: 1. Sept. 1596, S. 269.
untreues Herz sei: 8. Sept. 1590, S. 106; März 1591, S. 110–111; 22. März 1591, S. 111.
137 *in Lyon stirbt:* 15. Dez. 1582, S. 9.
Georg Volckamer aus: 8. Aug. 1584, S. 61.
Auferstehung verleihen: 29. Jan. 1592, S. 162 (das dritte Mal).
Leben wohl verdiene: 1. Juli 1584, S. 48.
die ewige Seligkeit: 18. Juli 1594, S. 54.
nicht zu bauen: 8. Aug. 1594, S. 61.
138 *wiederum herausgeleiten:* 1. Jan. 1583, S. 18.
wieder zu mir bringen: 7. Juli 1584, S. 50.
vor solchem Schmerz: 22. März 1591, S. 111.
im Sterben lag: 16. Mai 1594, S. 199.
139 *rasches Ende setzen:* 9. Dez. 1591, S. 142.
vor solchem Jammer: 6. Jan. 1592, S. 155.
Willen bald enden: 8. Aug. 1584, S. 59; 14. Aug. 1584, S. 62.
das Gott zugute: 17. Sept. 1588, S. 92.
länger werden zu lassen: 1. Juni 1594, S. 203.
140 *nochmals zum Besten:* 15. März 1592, S. 170.
141 *Hexenverfolgung begann:* Hartmut H. Kunstmann, ›Zauberwahn und Hexenprozeß in der Reichsstadt Nürnberg‹, Nürnberg 1970, S. 182–184.
142 *vermögen sie es:* Nach ›Gründtlicher Bericht was von der

Zauberei und Hexenwerck zu halten sei. Einhellige Antwort der hochgelehrten Theologen und Predicanten zu Nuremberg‹, angebunden an Antonius Praetorius, ›Von Zauberei und Zauberern‹, Nürnberg 1613, S. 325–326. Kopie in der British Library.
Wohle der Schöpfung: Ebd., S. 333–334.
143 *Gebetswachen an den Wochentagen:* 17. Sept. 1592, S. 177.
Wildgänse veranstalteten: 16. Mai 1594, S. 199; 20. Juni 1594, S. 207; 26. Juni 1594, S. 213; 4. Juli 1594, S. 217; 12. Sept. 1594, S. 250; 8. Sept. 1594, S. 253; 28. Sept. 1594, S. 256.
als der Türke: 17. Sept. 1592, S. 177.
bedürfen seiner oft: 23. März 1588, S. 86.
eine deutsche Bibel: 12. April 1596, S. 261.
Krieg und Kriegsgeschrei: 18. Sept. 1594, S. 253.
kleinen Kinder willen: 12. Sept. 1594, S. 250.
144 *helfe uns gnädig:* 8. Aug. 1594, S. 233.
147 *selber tun wirst:* 18. Juli 1584, S. 53.
148 *Pferd reisen:* 20. Oktober 1591, S. 124. Theodor Hampe nimmt in seine Übersicht »Sprichwörter, Redensarten, Witz und Schilderung in altnürnberger Briefen« (in ›MVGN‹ 31 (1933), S. 165–205) einen kurzen Brief Magdalenas an ihren Bruder Paulus auf.
149 *immer gleich ausgesehen:* 20. Oktober 1591, S. 124.
150 *auch wahr ist:* 1. Dez. 1591, S. 140.
am Bett hängen: 6. Jan. 1592, S. 155; 13. Jan. 1592, S. 164.
Jakob Imhoffs teilt: 25. Dez. 1582, S. 15; 18. Sept. 1594, S. 255.
helfen und raten: 25. Dez. 1591, S. 145.
152 *abhängig wurden:* Endres, »Einwohnerzahl«, a.a.O., S. 264, 266–268.
und Psalmen singen: Smith, »Description«, a.a.O., S. 230.
153 *etwas nach sich ziehen:* April 1595, S. 260.
154 *Geld verspielt hab:* 6. Sept. 1594, S. 249.
156 *zur Partnerschaft:* Michael Mitterauer u. Reinhard Sieder, Vom Patriarchat zur Partnerschaft. Zum Strukturwandel der Familie, München 1977.
157 *hinauszuwünschen:* 10. Aug. 1594, S. 236.
159 *Holenstein fahren könne:* 22. März 1597, S. 281.
160 *Küche gefaßt machen:* 11. Dez. 1598, S. 283–284.

ZUR ÜBERSETZUNG

Für die Originalausgabe dieses Buches hat der Autor die zitierten Briefe und Briefstellen des Ehepaars Paumgartner in eine heutige amerikanische Umgangssprache übersetzt. Nichts wäre unsinniger gewesen, als diese Zitate nun wiederum in ein modernes Deutsch zu übertragen. Sämtliche Passagen des Briefwechsels sind für die deutsche Ausgabe daher nach Georg Steinhausens Transkription der Originalbriefe in eine behutsam modernisierte Fassung gebracht worden. Die Umsetzung galt dem Ziel, die Briefe in eine ohne Mühe lesbare Fassung zu bringen und gleichzeitig soviel wie irgend möglich von den Eigenheiten der Originale zu bewahren.

Durchgängig dem heutigen Sprachstand angeglichen wurden – mit wenigen stilistisch besonders markanten Ausnahmen – Orthographie und Interpunktion, da hier der Gewinn für die Lesbarkeit am größten und der Verlust an historischer und individueller Ausdruckskraft am geringsten waren. Weitestgehend bewahrt wurde dagegen der Wortschatz der Originalbriefe; es sind nur solche Begriffe durch andere ersetzt worden, die entweder dem heutigen Leser nicht mehr zugänglich oder heute mit einem ganz anderen Sinngehalt besetzt sind. Ungebräuchliche Ausdrücke sind aber stets dann belassen worden, wenn sie sich ohne nennenswerte Schwierigkeiten kontextuell erschließen lassen. Probleme warfen Syntax und Grammatik der Briefe auf; durchgängig ist die Sprache der Korrespondenz von elliptischen Satzstrukturen geprägt. Die nach heutigem Sprachgebrauch fehlenden Satzglieder (vor allem Pronomina und Hilfsverben) sind in vielen Fällen eingefügt worden. Die grammatischen Bezüge, die in den Originalbriefen sehr ungenau und auch uneinheitlich sind, wurden gestrafft. Lokal geprägte mundartliche Eigenheiten wurden eliminiert, überregional gebräuchliche Umgangssprachlichkeiten jedoch beibehalten. Der moderne Leser wird bemerken, daß die Sprache der Paumgartners trotz einer gewissen Fremdheit der Diktion oft gar nicht so weit von der heutigen Alltagssprache entfernt ist.

Auf die Zwischenüberschriften wurde in den Anmerkungen zur deutschen Ausgabe verzichtet; die genaue Quellenangabe der Briefnachweise findet sich in der Anmerkung zu Seite 22.

Der Übersetzer